論文

日清・日露戦争における外国人記者の処遇について
―従軍に関する諸規則を中心に―

石本理彩

はじめに

本稿は、日清・日露戦争時に外国人従軍記者に対して運用された諸規則の分析を通して、日本政府が彼らに施した処遇とその対外的影響を明らかにしようとするものである。

一九世紀末から二〇世紀初頭における国際紛争では、欧米列国の通信社から派遣された記者達[1]が戦地に赴き、自国に様々な情報を発信した。列国と対等な近代国家を築くことに務めた政府は、記者が自国へ発信する情報が日本に好意的なものになるよう注意を払う必要があった。しかし、陸軍は戦時における情報の漏洩防止を重視し、従軍した外国人記者の取材活動に規制をかけたため、活動が制限された記者の不満を招くという事態に陥ったのである。

政府の対外情報管理の在り方とは、どのようなものであったのだろうか。また、外国人記者の処遇は、日本の対外イメージ戦略にどのような影響を及ぼしたのだろうか。本稿では、日清戦争時に外国人記者のために作成された「新聞記者従軍心得」と、日露戦争時に施行された従軍に関する諸規則を比較検証することで、これらの課題を明らかにしたい。

先行研究では、外国新聞による国際世論の醸成が考察の中心とされてきたため、記者の処遇に十分な検討が加えられてこなかった。大谷正は、在外公館の公使に指示して現地新聞社に日本のイメージが有利になるよう働きかけという外務省の情報操作を「対外宣伝」と称し、日清戦争[illegible]従軍した外国人記者による日本に関する報道と、それに[illegible]する日本側の対処を分析している[2]。ここではメディア[illegible]する情報操作が分析の中心となっているため、外国人記[illegible]の取材活動に対して政府がどのような対処をしたか[illegible]

点には、触れられていない。

そうした中で、渡邊桂子は日清戦争時の日本人記者に対する従軍許可を取り上げ、「従軍心得」への遵守が許可の前提であり、従軍記者を報道規制の経路に組み込むことを可能にしたと指摘している。そこでは日本人記者の場合と併せて外国人記者の規定にも触れられており、双方が従軍者として要請されるのものは同一であったとの見解が示されている[3]。

一方、日露戦争については松村正義が金子堅太郎を中心に据えた広報外交と在外公館による外国新聞操縦を分析し[4]、それらの研究の一端として、外国人記者の処遇についても取り上げている[5]。外国人記者に対する規定について分析した論考は、松村のほかに見られない[6]。

松村は、日露戦争時に陸軍が制定した「外国通信員諸君ニ告グ」が外国新聞記者の取り扱いに関する原型となり[7]、欧米諸国のモデルとなった従軍記者規則として[8]、その意義を指摘している。しかしながら、「外国通信員諸君ニ告グ」とは別に「陸軍従軍新聞記者心得」が法令として公布されていたこと、さらに現地軍が独自の管理規則である“Regulation for press correspondents”を制定して取材活動を制限していたという重層的な状況であったことなどを検討しておらず、戦地で記者達が受けた処遇の実態についても触れていない[9]。

そこで本稿では、日露戦争時に「陸軍従軍新聞記者心得」とともに制定された戦地における諸規則を併せて検討し、これまで看過されてきた中央と出先機関における規則の連関を明らかにすることによって、日本政府が外国人記者に対して行った行動規制と情報統制の全容に迫りたい。

一　日清戦争における初の外国人記者受け入れ

まず日清戦争における状況を見てみたい。日清戦争は、日本が初めて外国人従軍記者を伴う経験をした国際紛争である[10]。一八八六年に傷病者救済を定めたジュネーブ条約を批准した日本は、日清戦争の開戦にあたって国際法の遵守を宣戦詔勅にて示し、国際法学者を同行させた[11]。しかし、当時国際法で規定されていたのは傷病者及び俘虜の処遇であり、記者に関する規定はごく僅かなものであった。陸戦法規の基準の一つとされた一八七四年のブリュッセル宣言では、記者を俘虜とすることが出来る旨と「管轄官衙の証状」及び認識票の携帯義務が述べられるに過ぎない[12]。日清戦争終結から四年後に採択されたハーグ陸戦条約においても記述はほぼ変わらず、敵軍に従軍した記者を俘虜として扱うと規定されるにとどまっている。[13] すなわち日清戦争の段階では、自国に従軍する外国人記者の取り扱いについて、国際規範となる規定が存在しなかったのである。

日清戦争で日本軍に従軍を願い出た外国人記者数は、イギリス六名、アメリカ六名、フランス三名、ドイツ一名、の計一六名であった。[14] 政府は外国人記者に対する規定を独自に作成して、受け入れ体制を整えた。

宣戦布告の一八九四年八月一日から四週間後の八月二九日、陸軍大臣大山巌から参謀総長有栖川宮熾仁《たるひと》親王に、その国の公使もしくは領事を通して従軍を願い出た外国の新聞記者で、日本の新聞記者と同一規定に従う者には従軍を許可したい旨が伝えられた。[15] 翌三〇日に日本人記者のための「内国新聞記者従軍心得」が作成された後、[16] 九月一四日、外国人記者に則した規定がまとめられ、「新聞記者従軍心得」として陸軍大臣大山の代理である陸軍次官児玉源太郎より参謀総長熾仁親王に上申された。[17]

外国人記者向けに作成された「新聞記者従軍心得」は、日本人記者の出征軍指揮下における取材活動を規定した「内国新聞記者従軍心得」をベースにしつつも、外国人記者に不適当な条項を修正した[18] 全十条からなる甲号と、外国人記者を対象に作成された全七条の乙号からなっていた。

甲号の条文は次に示す通りである。

甲号　新聞記者従軍心得

一、出征軍高等司令部ハ一二ノ将校ヲ以テ従軍新聞記者ヲ監視セシム、故ニ記者ハ万事此将校ノ指示ニ従フヘシ

二、此将校ハ新聞記者ノ至リ得ル場所及時刻ヲ指示ス、記者ハ猥リニ此指示以外ノ地点ニ赴クヘカラス

三、許可セラレタル場所ニ至ル時ト雖モ軍隊ノ妨害ヲ為サヽルコトニ注意スヘシ

四、渡航セシ時ハ其地所在ノ最高等司令部ニ届出、其指揮ニ従フヘシ、其居所ヲ転スル時モ亦然リ

五、新聞記者ハ常ニ従軍免許証ヲ携ヘ軍人ヨリ其一閲ヲ求ムルトキハ直ニ之ニ応スヘシ、時トシテ各自ノ写真ヲ呈セシムルコトアルヘシ、故ニ若干枚ヲ用意スヘシ

六、免許証ヲ紛失シタルトキハ速ニ出征軍最高等司令部ニ届出テ其対処ヲ受クヘシ、時トシテ此紛失者ノ従軍ヲ禁スルコトアルヘシ

七、出征軍高等司令部ニ於テ有害ト認ムルトキハ従軍ヲ拒絶スルコトアルヘシ

八、前二項ノ場合ニ於テハ外務省ヲ経テ本国公使若クハ領事ニ通報スヘシ

九、通信記者ノ発送セントスル信書ハ必ス監視将校ノ指示スル時刻ニ於テ之ヲ該将校ニ呈シ査閲ヲ受クヘシ

十、通信文ヲ記スルニハ左ノ諸件ニ最モ注意スヘシ、凡ソ軍隊ノ運動ヲ記スルハ必ス過去ニ限ル、決シテ未来ニ渉ルヘカラス、通信文ニハ必ス発信ノ場所及時日ヲ掲クヘカラス、我軍ノ兵力若クハ隊号ヲ明記スルヲ慎ミ、以テ之ニ因リ我兵力若クハ軍隊区分ノ漏洩スルヲ戒ムヘシ[19]

甲号には全十条中、半分にあたる五条において、記者の取材行動を規制する内容が盛り込まれている。第二条では記者の行動範囲を規制し、第三条と第七条では常に出征軍の任務遂行を記者が阻む存在とならぬよう注意が促されている。第九条では通信文に検閲を課し、第十条では通信文の内容は過去に起きたことに限ること、発信の場所や時日を記してはならないことを義務づけ、記者の通信文によって出征軍の動きが外に漏れることを防いでいる。これらの条文は、記者の従軍によって軍の行動が妨げられぬようにすることと軍機漏洩を防ぐための二つの目的のために作成されたと考えられる。つまり、「新聞記者従軍心得」甲号は、戦地における従軍記者の取材活動を制限するために設けられた規則なのである。

一方、外国人専用に作成され加えられた乙号は、左記の通りである。

乙号

一、内地旅行券ヲ得テ大本営（広島）ニ到ルヘシ

二、大本営ヘノ送状ハ与フヘシ

三、東京出発広島着日ヲ陸軍省ヘ届出スヘシ

四、通弁ヲ要スルモノハ自身ニ雇入レ、其族籍住所番地年齢等ヲ詳記セル書面ヲ添ヘ、主人ヨリ陸軍省ヘ願出許可ヲ受クヘシ、但本人ヲシテ管轄地方庁ノ許可ヲ受ケサシムヘシ

五、通弁人ナキモノハ謝絶スルコトアルヘシ

六、新聞記者従軍ノ心得ヲ遵守スヘシ

七、遵守スルノ証トシテ花押又ハ記名セシム[20]

乙号には、日本人記者と同様に従軍心得を遵守すべき旨が記された第六条と第七条の他は、来日した記者が国内で踏むべき諸手続きがまとめられたにとどまり、甲号の附則と理解すべきであろう[21]。

九月一六日、既に従軍のために渡韓していた外国人記者がいたことから、大本営の村田惇少佐は至急「新聞記者従軍心得」[22]を第一軍司令部へ送付するよう作成元の陸軍省副官山内長人《おさひと》に通達した。同月一八日、この依頼を受けた陸軍省は、即日のうちに甲号を四ヶ国語にて第一軍司令部副

官へ発送した。英語訳が三〇枚、フランス語訳とドイツ語訳が各一五枚、邦文が一〇枚である。[23]さらに一〇月一五日には、大本営副官大生《おおみ》定孝より第一軍参謀長、第二軍参謀長、南部兵站監のもとへ、英仏独語訳が各五部ずつ送付された。[24]この時点で公使館からの依頼により、外務省から陸軍省への従軍中請手続きを経て戦地にいたのは、アメリカの記者二名とイギリスの画報者一名の計三名、それに随行する通弁人（通訳）と従者数名であった。[25]よって、この後に従軍を許可された外国人記者には、甲号と乙号の双方が配布されたと考えられる。

以上見てきた通り、日本政府は記者の獲得情報をコントロールするための規制を、日清戦争の段階で綿密に取り決めていた。しかし、これほどの仔細な規制を敷いたにもかかわらず、旅順口事件が報道された。アメリカの記者クリールマンとイギリスの従軍画家ウィリアースらが、第二軍に従軍中、旅順口で日本軍による清国の非戦闘員に対する虐殺を目撃したのである。この事件は、クリールマンがニューヨーク・ワールド紙に一八九四年の一二月から翌年二月にかけて報じたばかりか、[26]一八九五年四月一五日にはバンクーバーのオペラハウスにおいて、およそ五〇〇人の聴衆の面前でウィリアースによる幻燈演説が行われた。[27]

これら日清戦争で日本が経験した戦地の情報を無断で報じられることへの危機感は、日露戦争における外国人記者への処遇において、よりいっそう厳しい規制となって反映されることとなるのである。[28]

二　日露戦争における陸軍従軍新聞記者心得

日露戦争では英米仏独伊の五ヶ国から一〇〇名以上もの外国人記者が来日した。外国人記者の取材活動に対して、日本政府はどのような施策を講じたのだろうか。

陸軍は開戦から二日後の一九〇四年二月一〇日に「陸軍従軍新聞記者心得」を発布した。この心得は開戦より半月近く前の一月二七日に陸軍省軍務局軍事課にて起案された。二月五日、軍務局は参謀本部に協議案を提出する際、「陸軍従軍新聞記者心得」は陸軍省の告示とし、併せて僧侶教師の伴行の件は陸達とすること、[29]「外国武官従軍心得」[30]は内規とする旨を伝えた。七日、参謀総長大山巌は参謀本部内の各部より出された各条項への修正意見を協議案に赤入れする形で戻しつつも、概ね異存なしと回答。これらの案は八日に陸軍大臣寺内正毅のもとへ移牒され、[31]一〇日、陸軍省より「陸軍従軍新聞記者心得」が公示されたのである。

内容は左記に示す通り、日本人記者と外国人記者の双方に向けたものであった。

陸軍従軍新聞記者心得

第一条　陸軍ニ従軍セントスル新聞記者ハ其ノ履歴書ニ社主ノ身元保証書ヲ添ヘ陸軍省ニ出願スヘシ、但シ外国人ニ在リテハ帝国駐在ノ本国公使若ハ領事ヲ経テ外務省ヲ通シ出願スヘシ

第二条　従軍ヲ志願スル者ハ、一箇年以上新聞社員トシテ其ノ実務ニ従事シタルモノニ限ル

第三条　日本語ニ通セサル外国人ハ通弁人一名ヲ戦地ニ伴行スルコトヲ得、通弁人ヲ伴行セントスル者ハ自ラ之ヲ雇入レ其ノ身元保証書ヲ添ヘ第一条ノ願書ト共ニ出願スヘシ

第四条　外国人ハ通弁人ノ外必要アルトキハ従僕一名ヲ伴行スルコトヲ得、其ノ手続ハ前条ニ同シ

第五条　必要アルトキハ数個ノ新聞社ニツキ総代通信員トシテ一名ノ従軍者ヲ選定セシムルコトアルヘシ

第六条　従軍ヲ許可シタルトキハ従軍免許証附表雛形ヲ交付ス

第七条　従軍者ハ之ヲ高等司令部ニ配属ス

第八条　従軍者ハ常ニ洋服ヲ著シ左腕ニ幅約二寸ノ白布ヲ纏ヒ日本文字ヲ以テ所属社名ヲ赤記スヘシ

第九条　従軍者ハ常ニ従軍免許証ヲ携帯シ軍人又ハ軍衛ニ在ル官吏ヨリ其ノ閲覧ヲ求ムルトキハ直ニ之ニ応スヘシ

第十条　従軍者ハ従軍中総テ高等司令部ノ命令ニ服従シ、其ノ定ムル所ノ規定ヲ遵守スヘシ、従軍者ニシテ前項ノ命令又ハ規定ニ違背シタルトキハ謝絶スルコトアルヘシ

第十一条　従軍者ノ通信書、通信文、私信、電信等ヲ総称スハ高等司令部ニ於テ示セル将校ノ検閲ヲ経タル後ニアラサレハ発送スルコトヲ得ス、通信員ニハ総テ暗号文又ハ符号ヲ用ユルコトヲ許サス

第十二条　従軍者ニハ軍衛軍隊ニ於テ事情ノ許ス限リ相当ノ待遇ト便宜ヲ与ヘ、且戦地ニ在リテハ実際ノ必要ニ依リ食糧等ヲ官給シ、其ノ他本人ノ請願ニ依リ舟車ノ便乗ヲ許可スルコトアルヘシ

第十三条　従軍者ニシテ、刑法、陸軍刑法、軍機保護法等ノ犯罪アルトキハ陸軍治罪法ノ規定ニ従ヒ軍法会議ニ於テ処分スルコトアルヘシ

第十四条　本心得中第六条乃至第十三条ハ通弁人及従僕ニ之ヲ準用ス[32]

日清戦争時とは異なり、ここでは日清戦争での「新聞記者従軍心得」乙号にあたる来日から従軍に至るまでの諸手続き、従軍記者の高等司令部への配属、甲号にあたる軍に配属以降の規定という全ての過程が、一つに集約された。

だが、この「陸軍従軍新聞記者心得」と日清戦争における「新聞記者従軍心得」との最も大きな違いは、規制に対する文言が激減している点である。前述の通り、日清戦争では甲号の全十条中、半分を占める五条に規制が盛り込まれていた。これに対して、日露戦争時の制約に関わる文言は全十四条中、日清戦争時の甲号第九条をもとに作成された検閲の旨を記す第十一条のみである。第十三条で、刑法、陸軍刑法及び軍機保護法等に抵触する罪を犯した時には軍法会議で処分することがあるという条文が加えられてはいるものの、これは明らかな違反行為を行なった場合に限定される。

その点で着目すべきが、第十条である。ここに、従軍先で施行される規則の存在が明記されている。つまり、戦地における処遇は現地軍に一任されており、この「陸軍従軍新聞記者心得」は現地高等司令部による規則を前提として作成されたのである。そのため、通信や観戦などの戦地における規制がこの心得には示されなかったのである。

さらに、第十二条では日清戦争では見られなかった「事情ノ許ス限リ相当ノ待遇ト便宜ヲ与ヘ」ることが明文化された。これは、日本のイメージ形成を担う外国人記者を慮るという日露戦争における日本の基本姿勢の現れであった。

同年二月二四日、外国人記者達より携行品の輸送や馬匹に関する問い合わせ及び糧食をはじめとする供給品の要望を受けた陸軍省は、輸送、馬匹、金銭、糧食及供給品、附件の五種に分類して回答を列記した「従軍外国通信員ノ要求ニ対スル答案」ならびに別冊の内規として全十条からなる「従軍外国通信員酒保規程」を作成した。[33]二七日に参謀本部が修正意見を加えた上でこれを了承すると、三月五日、陸軍次官石本新六は外務次官珍田捨巳に、従軍免許を下附された外国人記者に「従軍外国通信員ノ要求ニ対スル答案」を改編して作成した「外国通信員諸君ニ告グ」及び「外国通信員酒保規程」を心得させるよう依頼した。[34]これを受けた外務省は、“NOTE-VERBAL TO MESSRS THE Foreign War Correspondents”，“REGULATIONS FOR THE CANTEEN OF Foreign War Correspondents”と題した各二頁、計四頁のB五版サイズにあたる英語の小冊子を作成し、一〇日に英米仏独伊の各駐日公使館へ送付した。記者のために酒保規程を制定して冊子体で頒布することは、日清戦争時には見られない初めての試みであった。

ウッドハウス瑛子は「外国通信員諸君ニ告グ」を、記者の行動を規定する規則類と混同して解釈している[35]。だが「外国通信員諸君ニ告グ」は、これから従軍するにあたって持ち込むことが出来る荷物の量や食事の供給、疾病時の対応等について記された注意事項に過ぎない。その特徴は物資や移動に関して便宜を図ることが強調されている点であり、記者の行動規制については一切触れられておらず、ここから戦地における処遇の実態を知ることは不可能である。

記者に対する検閲については、同年三月二九日、陸軍大臣寺内正毅が左記の訓令を発した。

> 軍機漏洩ヲ防止スルカ為メ、内地ニ在リテハ特ニ新聞紙検閲ノ機関ヲ置キ、戦地ニ在リテハ従軍記者通信文ノ検査ヲ行ヒテ、以テ厳ニ新聞紙ノ取締ヲ為スニ拘ラス、近来軍人軍属ノ私信ニシテ軍機ニ渉ルノ嫌ヒアルモノ往々新聞紙記事中ニ散見スルコトアリ、是啻ニ新聞紙取締ノ効ヲ減却スルノミナラス、新聞記者ノ通信ハ時局ニ妨ナク、軍人ノ私信却テ軍機ニ害ヲ及ホスカ如キハ頗ル失体トス、依テ此際軍人軍属タル者ハ戦地ニ在ルト内地ニ在ルトヲ問ハス、軍機ニ関スル言語ヲ慎ミ、其私信ヲ認ムルニ方リテモ軍事上秘密ヲ要スル事項ニ渉ルコト無キヲ努ムルト同時ニ、適々已ムヲ得サル場合ニ於テモ仍其ノ信書ヲ世間ニ公示セラレ、軍機暴露ノ一端ト為ルノ処ナキ様、厳密ニ注意ヲ為スヘク、各部隊長ハ部下ノ軍人軍属ニ訓諭シ、如上ノ趣旨ヲ厳守セシムルコトヲ努ムヘシ[36]

これにより、戦地にあっても国内にあっても、軍機に関することは記事から私信に至るまで厳しい取り締まりが実施されたのである。

さらに、翌四月一七日には軍用通信所から発する新聞電報の取り扱いに関する規程「軍用通信所発新聞電報取扱手続」が定められ、国内外の記者に対して、検閲の絶対と文字数の制限、規定に反するものは取り扱わない等のこと細かな取り決めがなされた[37]。

以上、これらが現場で適用された諸規則である。外国人記者は、実際には「外国通信員諸君ニ告グ」に則って処遇されたのではない。「陸軍従軍新聞記者心得」を軸に相次いで発布された訓令や「軍用通信所発新聞電報取扱手続」によって体系的な規制が講じられ、それらが一体となって外国人記者の取材活動を厳しく規制したのである。

三　戦地における処遇の実態と反発

戦地で実際に外国人記者に課された規制がいかに厳しかったかを物語ったものに、蜷川新[38]『黒木軍ト戦時国際法』の各論 第五章「従軍外国記者及武官」がある。

第一節「取締規則」では、戦地で第一軍司令部が外国人記者に施行した全十三条からなる記者取締規則、“Regulation for press correspondents” が記載されている。この規則で着目すべきところは、日清戦争時の「新聞記者従軍心得」甲号に盛り込まれていた制約規定が活用されている点である。左記に、それに相当する箇所を抜粋する。

乙　記者取締規則[39]〈抜粋〉

第七条　新聞記者は、戦場において将校もしくは分遣隊指揮官に指示された時刻と場所以外の地点にみだりに赴いてはならない。

第八条　新聞記者のあらゆる通信文（記事、私信、電報などを含む）は将校の検閲を受けなければならない。検閲を受けた通信文は（封をする場合には）封印され、封筒に検印を押された後、便箋や頼信紙が送り手のもとに戻される。その時、封筒もしくは記事の前面に、記者名と社名を必ず記さなくてはならない。

第十一条　記者は次の事項に特別の注意を払わなければならない。

一、安寧を妨げる、あるいは軍隊の士気を下げるような事を記してはならない。

二、軍隊の運動を記す場合は過去に限る。決して未来に渉ってはならない。推測を記すことも許されない。

三、将校の許可なしに、我が軍の兵力もしくは隊号、時日、場所を通信文に記してはならない。[40]

第七条の戦場において指示された時刻と場所以外の地点にみだりに赴いてはならないという規制は、甲号第二条の翻訳である。第十一条で過去についてのみ記し未来について書いてはならないこと、発信の日時や場所を記してはならないという条文は、甲号第十条をもとに作成されたものである。さらに、検閲に関する条文が甲号第九条ならびに日露戦争時の「陸軍従軍新聞記者心得」第十一条よりも具体的な内容となって、第八条に記載された。

続く第二節「取締ノ事実」[41]では、一九〇四年六月一二日に外国人記者団から第一軍参謀長藤井茂太に提出された「英米仏の従軍記者等カ吾軍ニ提出セル当初ノ要求」[42]が記載され、外国人記者達の不平とともに記者取締規則の実施状況が詳しく解説される。

「(三) 通信員トシテノ職務遂行ニ関スル不平」の「(第一) 検閲の反復」では、一三七語の電文を社に送信しようとしたイギリスの記者が、いざ送信しようとしたところ、僅か二〇語になり、宛名と月日、署名を含むため、ロンドンには僅か五文字しか送られなかった事実が記されており、厳しい検閲の状況が詳述されている。「(第五) 軍用電線の使用」には、「軍用通信所発新聞電報取扱手続」第六条に則り、陸軍省から一日あたり五〇音ずつの電信五通を軍用電線に発送することが許可されているものの、その数を増やして欲しいとの願いが切々と綴られている。「(第六) 行動及ヒ観察ノ自由」では、欧米各国の軍に従う記者はこれまで常に自由を付与されており、これを制限することへの不幸が述べられている。(43)

蜷川によれば、外国人記者専用に作られたものは「従軍外国通信員海上通信規定」(44)、「外国通信員従僕補充規定」、「外国通信員諸君ニ告クル諸件」、「従軍外国通信員酒保規定〔ママ〕」の四点であり、ここで取り上げた第一軍司令部による記者取締規則は国内外の記者共通で運用されたものであった。(45) しかし、日露戦争に従軍した外国人記者の中には、米西戦争(一八九八年)と第二次ボーア戦争(一八九九～一九〇二年)に従軍経験のある者が少なくない。日露戦争当時、欧米諸国において外国人記者は取材活動に何ら規制を受けることがなかった。彼らはそれまでの経験と比較して、満足の行く取材が出来ないことへの不満を高めたのである。

次に、第一軍参謀長藤井の回顧録『両戦役回顧談』から、日本軍側の立場から記した外国人記者の戦地における不満を見ていきたい。左記は、蜷川書の「(三) 通信員トシテノ職務遂行ニ関スル不平」のうち、「(第一) 検閲ノ反復」と「(第五) 軍用電線ノ使用」に相当する部分である。

最も困ったのは、是等多数の人々が、戦闘の開始から其終了直後の若干時間、互に分秒を争ひ、野戦通信所を利用せんとすることである。彼等が世界各国都市に送る第一電報は、分時を争ふ緊要なものであって、少しく遅れて発電せるものの電報的価値は、遥かに劣等となるべきこと明らかである。然るに彼等の争って電報せんとする時は、恰も我が司令部に於て、総司令部及師団等と、間断なく通信を要する時である。〈中略〉

又筆記通信中、軍にて削除訂正せられたるに拘はらず、同一記事が、更に再び日本内地に於て、多々削除、抹殺せらるるは如何、若し斯の如くならば、寧ろ軍司令部の点検を廃止せられんことを要求する。(自己の送りたる通信の某外国新聞に掲載せられ、某新聞の戦

場に送りしものを持参して議論する）

又、遠隔する各師団及枝隊等に分属して、甚しく第一戦に馳駆せんとする者もあるが、師団には通信の点検者がないから、某通信筆記を軍司令部に送らねばならず、その為時として多大の時間を要することがあって、苦情百出する。[46]

藤井の回顧録には、蜷川による記者団からの要求書に合致した内容が記されており、蜷川による記録が真実であることを裏付けるものである。加えて、藤井によれば、戦地で検閲された記事は日本を通して本国へ送られていたため、さらなる困難を極めていたことがわかる。

数多の外国人従軍志願者の中から運よく第一軍に従軍が叶った彼らであったが、その誰もが従軍中の処遇に一様に不満を抱き、その不満は日々増大していった。

同年九月二二日の東京朝日新聞は、九月四日まで続いた遼陽会戦後の外国人記者達の様子について、「不平を抱きて或者は従軍を辞して清国に入り、或者は帰国の決心にて一旦東京に引き上げ、今や第一軍には四名の米国記者の外、一人の英国新聞を代表する者なく〈中略〉此の後に居残れる者も遠からず皆帰国すべし」と報じている。[47] 同記事では、日本へ帰還した外国人記者達から戦地における処遇への不満を聞き取っている。そこでは、第一に日本軍の公報が入手出来ないこと、第二に通信発送の不便、第三に観戦の不自由、第四に再三の検閲が挙げられていた。

四　外国人記者に対する処遇改善

一九〇四年九月一四日、遂に政府は戦地における外国人記者の不満を解消するため、処遇改善を打ち出した。左記史料は、前日の一三日に在英林董公使から小村外務大臣に届けられた電報であり、ここに外国人記者の処遇改善に至る直接的な事由が詳述されている。

遼陽役ノ後我軍ニ従軍ヲ辞シテ立去リタル「デイリー、テレグラフ」通信員ヨリノ天津ヲ経テ発シタル電報中ニ左ノ記事アリ

凡テ外国人ヲ憎ムノ感情ハ今尚日本人特ニ其陸軍高等武官ノ間ニ存在セリ、右ノ感情及他ノ理由ハ総テノ従軍通信員ヲシテ其任務又ハ正当ナル業務ヲナス能ハサラシム、従軍武官ノ殆ト全数モ亦最モ深キ失望ニ陥レルコトヲ内々云ヒ居レリ、武官モ通信員モ六哩以内ニ於テ観戦ヲ許サレス、又戦争後ニ於テモ其翌日ニ至ル迄ハ戦場ノ実見ヲ許サレス〈中略〉右諸新聞社ハ其通信員ニ対スル日本ノ待遇ニ激昂シ、彼等ハ当国公衆ノ人情ヲ得ルモノアルニ至ルヘシ[48]

ここには、前線から六哩（約一〇キロ）以内において観戦を許されないことへの外国人記者の不満が、本国の新聞社へ発電されたことが記されている。

こうした通信及び観戦の規制に対する外国人記者達の不満を憂慮した結果として下ったのが、一九〇四年九月一四日に大本営の山縣参謀総長から満州軍総司令部の大山総司令官へ発せられた外国人記者の処遇改善を命ずる電報である。

頃日、従軍外国通信員数名中途帰国セシ者、我ニ不利益ナル通信ヲ発シ、倫敦新聞紙等の論調頓ニ変更シ、公債其他政略上ニ一大障害ト為ラントスル傾キアルハ甚タ遺憾ノ事ニシテ、当局ニ於テモ深ク憂慮ヲ懐キツツアリ、勿論各軍ニ於テ彼等ノ取扱ニ関シテハ相当ノ注意有之義トハ察スルモ、操縦寛厳ノ度ヲ失ヒ感情衝突ノ為メニ徒ラニ我邦ニ不利益ナル論議ヲ欧米ニ流布セシムルハ、策ノ得タルモノニ非スシテ大ニ注意スヘキ事ト存ス、此旨篤ト各軍ニ訓示セラレ、宜シク経験アル者ヲ以テ其操縦ニ当ラシメ、彼等ヲ利用スルノ方法ヲ取ラレン事希望ニ堪ヘス(49)

この電報に続いて一六日には記者を「懇篤開闊」に遇すべき旨の電報が満州軍に届く。これを受けた児玉満州軍総参謀長は山縣に辞表を提出したが、慰留されている(50)。（傍線筆者、以下同）

この時、戦地に残っていた外国人記者は、従軍を許されて戦地に赴いていた第一軍から第三軍までの記者全四四名中、約一〇名に過ぎなかった。既に外国人記者の多くが不満を抱いたまま戦地を後にしており、九月中旬から下旬に帰国の途についた記者もいたため、一〇月以降までとどまった記者は僅か数名となった。

だが、こうした反発の一方で、規制を肯定するメディアが存在したことも見逃せない。その一つが次に示す一九〇四年九月五日のニューヨークタイムズの記事である。

デイビス氏やフォックス氏のような記者が競って大戦争の描写や印象を綴った記事を我々に送ることが許されなかったことは、我々一同が残念に思うところである。だがしかし、日本軍は厳しく絶望的な任務の遂行に従事している。そして、彼等自身の評判を維持し、あるいは作り上げるプロである通信員の存在によって、彼等が成功するための機会を危険にさらすことは出来ないのだ。奇妙にも、外国人従軍記者達は、勝利を得てきた日本軍よりも、敗北してきたロシア軍の方と常に上手くやってきた。ロシア軍は、記者達が念入りに取材する機会を与えるのと同じだけ、彼等に数多の殺される機会を与えたように思われる。しかし、戦場の事実が簡易な公式特電でサンクトペテルブルグに伝えられるまでの間に、その鮮烈な戦いの物語は、ロシア人の武勇への賞讃に全て捧げられるということに記者達は気づかされるだろう。[51]

ここに記されたデイビスとフォックスはルーズベルト大統領からの直々の紹介状を携えて来日した人物で、日本の取材規制に腹を立てたままで帰国してしまったため、外務省が憂慮していた記者達である。[52] デイビスは米西戦争と第二次ボーア戦争の双方に、フォックスは米西戦争に従軍取材をした経歴を持つ。二人はこれまでの経験と比較して、取材活動を満足に行えない処遇への不平を本国に訴えたが、新聞に彼らの不満が記載されるには至っていない。ここではロシア軍が取材規制を敷かず、「ロシア軍に従軍した記者は、存分に取材が出来る代わりに屍になるだろう」と評され、日本の記者に対する処遇がむしろ高く評価されている。[53] これは、アメリカのメディアがいち早く日本陸軍の従軍記者に対する規制を評価し、処遇改善の命令が出される以前から日本の方針を受け入れていたことを示すものである。

一九〇四年一〇月、乃木将軍率いる第三軍に三名の外国人記者が新たに追加され、旅順包囲戦に英米の記者数名が従軍した。[54] この経験を記したアメリカの記者による記事や回顧録では[55]、いずれも日本に極めて好意的な内容が綴られている。そのうちの一人、ジョージ・ケナンは高名なジャーナリストで、在米公使高平小五郎から小村外相、桂首相、陸海軍相、伊藤博文への紹介状を携えて[56]一九〇四年三月に来日し、同年一〇月一五日に戦地に渡った人物である。彼は「旅順物語」と題する記事を、一九〇五年三月から九月にかけて全一二回のシリーズでアウトルック誌に掲載した。

また、一九〇五年四月以降に新規に従軍した五名の中の一人、ハーバート・ジョージ・ポンティングは、やはり一九〇四年三月に来日し、一九〇五年六月に三度目の従軍許可申請にてようやく第一軍に従軍が叶ったアメリカの記者である。彼もまた児玉を賞賛して、日本に好意的な体験記を残した。[57]

当初は厳しい規制を敷いた日本軍当局であったが、改善命令以降に従軍した少数の記者からの日本軍に対する評判は頗る良い。このことは、改善の命令末尾に記された通り、記者を操縦し、イメージ戦略に彼らを利用したことの成果と言えよう。また、前述の蜷川の書においても「後に至リテハ、彼等ニ対スル態度、全ク宜シキヲ得ルニ至リ。彼我ノ感情好ク疎通シ、彼等ハ毫モ不平ヲ懐カサルニ至レリ」と記され[58]、処遇の変化によって外国人記者の不満が解消されたことがうかがえる。結果的に、法的修正が行われたわけではなかったが、実態面で改善がなされたのは確かであろう。

戦後の一九〇六年一二月二六日、金子堅太郎は日露戦争中の自らの滞米経験を記して外務省に提出した『日露戦争米国滞留記』に「此戦争終了後、米国政府ヨリ軍事当局者ヲ我国ニ派遣シ、従軍記者取締ノ規則及其状況等ヲ調査セシメ、以テ将来ノ参考ニ供スヘシト唱道スルニ至ル、是レ他ナシ」と記した。[59]これが松村の「欧米諸国のモデルとなった日本の従軍記者規則」とする論拠であるが、[60]ここでアメリカ政府が参考とした「従軍記者取締ノ規則」こそ、本稿で述べてきた「陸軍従軍新聞記者心得」ならびに記者取締規則 "Regulation for press correspondents" である。

事実、アメリカ軍は一九一四年四月のメキシコ侵攻時において、日本が日露戦争時に課した以上の厳しい規制を外国人記者に施し、日本の「陸軍従軍新聞記者心得」の第二条と第十一条、戦地における記者取締規則の第八条を模倣したと思われる記者の経験値や検閲を規定している。一方、日本軍が「外国通信員諸君ニ告グ」で軍の常食を随時外国人記者に供給することを約束したのとは対照的に、アメリカ軍では記者への食料供給は有償とされた。[61]

まとめにかえて

日本政府による外国人記者の処遇は、日清戦争と日露戦争では異なっていた。

日清戦争では、従軍記者の取り扱いに関して国際規範となる規定が存在しなかったことから、日本政府は独自に外国人記者に向けた規定を作成して外国人記者の従軍に対処した。作成時には既に戦地に渡っていた外国人記者もいたことから、陸軍は急ぎ「新聞記者従軍心得」甲号を英仏独語訳して戦地に送付した。この心得によって、外国人記者に対する行動規制と情報統制の骨子が出来上がることとなった。しかし、その時点では外国人記者への取材規制が厳格に行われていたとは言い難い状況であった。

それに対して日露戦争では、外国人記者の規制に対して体系的な問題の立て方がなされた。「陸軍従軍新聞記者心得」を公示した後、訓令と電報取扱手続きを相次いで発布し、さらに戦地では英語による記者取締規則で外国人記者を厳しく取り締まった。[62]これらの諸規則及び訓令が一体となって、日露戦争期の規制を形成したのである。これにより、外国人記者の処遇は、規制の観点からは成熟したと言えよう。その一方で、厳格な取材規制は、戦地にいた記者に不満を生じせしめた。対外的影響を危惧した日本政府は、不満解消のために処遇改善を打ち出し、英米二ヶ国の記者の取材に便宜を図ることで、日本イメージの低下を回避したのである。

これら日本の管理体制は、当時のアメリカで既に肯定されていた通り、他国で何ら規制が敷かれていなかった時代に、外国人記者の行動と彼らの発する情報を従軍に関する諸規則によって規制した先駆的事例として重視されるべきであろう。

表1　日清戦争・日露戦争で外国人従軍記者に施行された諸規則

年月日	外国人記者の従軍に関連した規定制定の動き
日清戦争	
1894年 9月14日	新聞記者従軍心得（甲号、乙号）〔英語、フランス語、ドイツ語訳有り〕
日露戦争	
1904年2月10日	陸軍従軍新聞記者心得（陸軍省告示第3号）
2月27日	日本ヨリ随伴セサル者ニ限リ従者并通弁各一名ニ限リ当該従軍記者ノ配属セラルル軍司令官ノ許可ヲ受ケ帯同スルコトニ其筋ニ於テ便宜決定セル
3月5日	外国通信員諸君ニ告ク、従軍外国通信員酒保規程［英語による頒布物作成］
3月27日	内訓　軍機漏洩ヲ防止スルカ為メ内地ニ在リテハ特ニ新聞紙検閲ノ機関ヲ置キ戦地ニ在リテハ従軍記者通信文ノ検査ヲ行ヒテ以テ厳ニ新聞紙ノ取締ヲ為ス
3月28日	従軍外国通信員海上通信規定［英語による頒布物作成］
4月初旬	第一軍で外国人記者に施行された記者取締規則 “Regulation for press correspondents”［英語］
4月17日	軍用通信所発新聞電報取扱手続（陸達86号）

出典：『明治27年自7月27日至7月25日臨着書類綴 庶』（防衛省防衛研究所）、1904年2月10日『官報』第6180号、『日露戦役ノ際戦況視察ノ為外国新聞記者従軍一件』第1巻（外務省外交史料館）、『明治37年自3月17日至4月23日 第3号 副臨号書類綴 自第601号至第900号 大本営陸軍副官管』（防衛省防衛研究所）、『明治37年陸達綴』（防衛省防衛研究所）。

なお、日露戦争時に第一軍司令部が外国人記者に施行した“Regulation for press correspondents”は、第一軍に従軍すべく外国人記者らが日本を出立したのが1904年4月初旬であることから、告示されたのもその時期と考えられる。

註

(1) 日清・日露戦争当時は、戦争報道のための取材をするジャーナリストの呼称として、「通信員」と「記者」ないし「新聞記者」が同義的に用いられた。

(2) 大谷正『近代日本の対外宣伝』(研文出版、一九九四年)、一一七~一二八頁、「旅順虐殺事件再考」『ヒストリア』第一四九号(一九九五年)、一七七~二〇〇頁。

(3) 渡邊桂子「日清戦争と新聞記者への従軍許可」『歴史評論』第八一一号(二〇一七年)、二〇~三三頁。

(4) 松村正義『金子堅太郎』(ミネルヴァ書房、二〇一四年)、『日露戦争と日本在外公館の「外国新聞操縦」』(成文社、二〇一〇年)、『ポーツマスへの道—黄禍論とヨーロッパの末松謙澄』(原書房、一九八七年)、『日露戦争と金子堅太郎—広報外交の研究』(新有堂、一九八〇年、増補改訂版一九八七年)を参照。

(5) 松村正義「日露戦争と外国新聞従軍記者」『外務省調査月報』二号(二〇〇四年)、一九~四四頁。同論文は同著者『日露戦争と日本在外公館の「外国新聞操縦」』二八四~三〇四頁に付録Ⅱとして再録されている。

(6) 外国人記者を扱った研究としては、他にイギリスのタイムズ社特派員モリソンの活動をまとめたウッドハウス暎子による『日露戦争を演出した男モリソン(上)(下)』(東洋経済新報社、一九八八年)が挙げられる。しかし、同書では外国人記者らの不満について触れられてはいるものの、具体的な規定等の明示はなされていない。

(7) 前掲註(5)松村「日露戦争と外国新聞従軍記者」、二一頁。

(8) 同右、三八頁。

(9) 外国観戦員取り扱いの緩和改善を求める命令が戦地に下った事実については取り上げているが、これは、松村が処遇改善命令の主たる要因を、来日した外国人記者の多くが戦地に赴けずに日本国内で滞留を強いられた点に着目したためであり、戦地での状況に触れてはいない。同右、三四~三五頁。

(10) 日本史の上では、日清・日露戦争はともに対外戦争と表記するが、本稿では外国人記者の処遇を考察するにあたり、国際紛争に統一した。

(11) 戦闘中に負傷した者や疾病に罹患した者を保護し、戦地病院などで看護することを定めた戦時国際法で、一八六四年にジュネーブで開催された万国会議で批准された。別名、赤十字条約とも言う。一八六八年には海軍に関する諸款その他が追加された。有賀長雄『万国戦時公法』(陸軍大学校、一八九四年)、六四~八四頁、附録第二、三~一六頁を参照。

(12) 陸戦の法律慣例に関する列国宣言で、一八七四年にブリュッセルで開催された万国会議で決議された。しかしながら、アメリカとイギリスが賛同しなかったために、国際条約成立には至らなかった。日清戦争時、日本はこれを陸戦における戦時国際法の手本の一つと見做した。前掲註（11）有賀書、八九〜九七頁、附録第四、一七〜三七頁参照。

（13）条約附属書　陸戦法規慣例ニ関スル規則　第一款交戦者
第二章俘虜
　第十三条　新聞ノ通信員及探訪者並酒保用達人等ノ如キ直接ニ軍ノ一部ヲ為ササル従軍者ニシテ、敵ノ権内ニ陥リ敵ニ於テ之ヲ抑留スルヲ有益ナリト認メタル者ハ、其ノ所属陸軍官憲ノ証明書を携帯スル場合ニ限リ俘虜ノ取扱ヲ受クルノ権利ヲ有ス
（神川彦松、横田喜三郎編『国際条約集』、岩波書店、一九四一年、一九九頁）。

（14）記者数は、各国特命全権公使から外務省に送られた従軍申請記録に基づき算出した。このうち、英米の記者各一名が各々他の記者より遅れて申請し、既に同軍に多数の記者が従軍しているという理由で不許可とされた（『日清戦役ノ際外国新聞記者戦況ノ為従軍願出一件』（外務省外交史料館、5-2-11-0-4））。ただし、陸軍省による統計では、従軍した外国人記者数はイギリス八名、アメリカ五名、フランス四名とされている。外務省記録との間に違いがあるのは、その国の公使もしくは領事を経由せずに従軍した記者数が含まれているためである。統計の但し書きとして、イギリスの記者には、ジャパン・メール社（在横浜）とチャイナ・ガセット社（在上海）を含むとあるが、外務省側には記録されておらず、従軍申請とその許可否、渡航時期等の詳細は不明である（陸軍省編『明治二十七八年戦役統計』下巻（一九〇二年）、一一〇七頁（防衛省防衛研究所、文庫-千代田史料-1525））。

（15）一八九四年八月二九日発陸軍大臣大山巖より参謀総長熾仁親王宛上申、乙第二二四八号『明治二十七年自七月二十七日至九月二十五日 共七冊之一 臨着書類綴 自二〇一号至七百号 庶』（防衛省防衛研究所、大本営-日清戦役書類綴-M27-8-120）、JACAR（アジア歴史資料センター）Ref. C06061163700。

（16）一八九四年八月三〇日付「内国新聞記者従軍心得」、『明治二十七年六月ヨリ聚要事項集 貳』（防衛省防衛研究所、陸軍省-日清戦役雑-M27-10-111）、JACAR：C06060167900。同心得については、渡邊が全文を掲載し、外国人記者向けの従軍心得との相違箇所についても示している（前掲註（3）渡邊論文、二二五〜二二六頁）。

（17）一八九四年九月一四日発陸軍大臣大山巖代理陸軍次官児玉源太郎より参謀総長熾仁親王宛上申、送乙二四八八号『明治二十七年自七月二十七日至九月二十五日 共七冊之一 臨着書類綴 自二〇一号至七百号 庶』（防衛省防衛研究所、大本営-日清戦役書類綴-M27-8-120）、JACAR：C06061178500。

(18) 渡邊は加除修正の背景として、実際に従軍が実現すると不都合が顕在化したためであると指摘している（前掲註（3）渡邊論文、二六頁）。
(19) 一八九四年九月一四日付「甲号 新聞記者従軍心得」、『明治二十七年自七月二十七日至九月二十五日 共七冊之一 臨着書類綴 自二〇一号至七百号 庶』（防衛省防衛研究所、大本営-日清戦役書類綴-M27-8-120）、JACAR：C06061177600。
(20) 一八九四年九月一四日付「乙号 新聞記者従軍心得」、『明治二十七年自七月二十七日至九月二十五日 共七冊之一 臨着書類綴 自二〇一号至七百号 庶』（防衛省防衛研究所、大本営-日清戦役書類綴-M27-8-120）、JACAR：C06061178700。
(21) 日本人記者に対しては、この乙号と内容が一部重複する従軍出願手続き等を規定した「新聞記者従軍規則」が「内国新聞記者従軍心得」の他に別途存在した。一方、外国人記者に対しては本稿で示した「新聞記者従軍心得」甲号と乙号の他に、規則の類は規定されていない（陸軍省編『明治二十七八年戦役統計』下巻（一九〇二年）、一〇九九～一一〇〇頁（防衛省防衛研究所、文庫-千代田史料-1525））。
(22) 「新聞記者従軍心得」甲号が配布される際、多くの文書で「外国新聞記者従軍心得」と表記されるが、本稿では「新聞記者従軍心得」に統一した。
(23) 一八九四年九月一八日付副官より第一軍司令部副官へ通牒按、送乙第二五四七号『明治二十七年九月 二十七八年戦役日記 乙』（防衛省防衛研究所、陸軍省-日清戦役戦日記-M27-11-95）、JACAR：C06021728300。現在、防衛省防衛研究所所蔵『明治二十七年自七月二十七日至九月二十五日 共七冊之 臨着書類綴自二〇一号至七百号 庶』には、"Directions to the newspaper correspondents following the Campaign" と題された甲号の英語訳とドイツ語訳のみが蒟蒻版文書として残されている。
(24) 一八九四年一〇月一五日発大本営副官大生定孝より第一軍参謀長小川又次、第二軍参謀長井上光、南部兵站監伊藤祐義宛臨発第八三九号『明治二十七年自九月三十日至十一月十三日臨発書類綴 自七百〇一号至一千号 庶』（防衛省防衛研究所、大本営-日清戦役書類綴-M27-9-121）、JACAR：C06061199800。なお、同文書には「第二軍兵站部ヘハ兵站総監部ヨリ十部宛送付ス」との添え書きがなされている。
(25) 『日清戦役ノ際外国新聞記者戦況ノ為従軍願出一件』（外務省外交史料館、5-2-11-0-4）に記された日清戦争に従軍するために来日した全外国人記者の従軍許可申請記録より算出。
(26) 前掲註（2）大谷『近代日本の対外宣伝』、一二七～一五九頁にて、クリールマンによる旅順虐殺事件報道の一連の動きが明らかにされている。
(27) 一八九五年四月二〇日発在晩香坡二等領事官能勢辰五郎より林董外務次官宛公第四九号「フレデリック、ウビリア旅順

虐殺幻燈演説」、『日清戦役ノ際外国新聞記者戦況視察ノ為従軍願出一件』(外務省外交史料館、5-2-11-0-4)、JACAR：B07091018300。

(28) 一九〇五年一月三日、小村は在米の金子に対して「先ニ清国トノ戦争中新聞通信員ニ関シ面白カラザル経験アルヲ以テ、今回ノ戦争、特ニ其初期ニ於テ軍機ヲ漏洩スルノ機会ヲ通信員ニ与ヘザルコトニ決意セリ」とルーズベルトに伝えるよう命じている(「米国大統領会見始末」、『日本外交文書』第三七巻・第三八巻別冊日露戦争V巻、七一五頁)。この経験を、松村は旅順虐殺事件の報道を指すであろうと述べている(前掲註(5)松村「日露戦争と外国新聞従軍記者」、三九頁)。筆者もこれに同意見である。

(29) 協議の際、参謀本部第一部より陸達案の「僧侶教師」に「神官、僧侶及ヒ宣教師ト明記アリタシ」との修正意見が付された(一九〇四年二月五日発陸軍大臣寺内正毅より参謀総長大山巌宛密発第二八二号『明治三十七年一月二十七日ヨリ明治三十七年三月一日マデ 臨号書類綴 自臨第二五一号至臨第四八一号 弐冊の内二 台戦第三号』(防衛省防衛研究所、参謀本部-雑-M37-8-186)、JACAR：C09123124400)。

(30) この時、協議案として提出された「外国武官従軍心得」は廃案となり、内容が大幅に改められたため、その制定は「陸軍従軍新聞記者心得」の告示よりも約一ヶ月遅い三月九日となった。また、日清戦争時に制定された「外国武官従軍心得」と同一であった名称が、「従軍外国武官心得」に改称された。これは、日清戦争時の作成物との区別を明確にするためと考えられる(一九〇四年三月九日発陸軍次官より参謀次長宛満発第一四四号『明治三十七年三月 満大日記 坤甲』(防衛省防衛研究所、陸軍省-陸密満大日記-M37-8-29)、JACAR：C03025500400)。

(31) 一九〇四年二月七日発参謀総長大山巌より陸軍大臣寺内正毅宛参謀本部臨第三三八号第二『明治三十七年三月 満密大日記』(防衛省防衛研究所、陸軍省-陸満密大日記-M37-3-17)、JACAR：C03020058800。

(32) 一九〇四年二月一〇日、陸軍省告示第三号「陸軍従軍新聞記者心得」『官報』第六千百八十号。なお、二日後の二月一二日には、「海軍従軍新聞通信者心得」が海軍省より告示されるが、そこに外国人記者に適用する文言は見られない。外国人記者が日本軍と行動を共にし、実際に戦地へ従軍したのは、日清・日露ともに陸軍のみであった。ただし、外国人記者が自ら通信船を用意して海上から取材を試みるケースがあったため、海軍は一九〇四年三月二八日に「従軍外国通信員海上通信規定」を整え、日本語版と英語版が一冊になった計一一頁に及ぶ規定書を外国人記者に配布した。

(33) 一九〇四年二月二四日発陸軍次官石本新六より参謀本部次

長児玉源太郎宛密発第六三〇号『明治三十七年二月八日至二月二十六日　第壹号　副臨号書類綴　自第一号至第三〇〇号』（防衛省防衛研究所、大本営-日露戦役-M37-9-143）、JACAR：C06040573600。

(34)　一九〇四年三月五日発陸軍次官石本新六より外務次官珍田捨巳宛満発第七九号『日露戦役ノ際戦況視察ノ為外国新聞記者従軍一件』第一巻（外務省外交史料館、5-2-11-0-9_001）。ただし、「外国通信員諸君ニ告グ」が英訳される際、総括の一文が落とされている。「終リニ臨ミ、我帝国陸軍ハ此名誉アル諸君ガ従軍中常ニ健康ヲ保全シ充分ニ視察ヲ遂ゲラレ、而モ正確ニ且公平ニ通信シ、以テ諸君ノ任務ヲ果サレンコトヲ切望ス」。これは、取材規制が敷かれた戦地における処遇の実態とは乖離していたため、作為的に削ったと推察される。

(35)　ウッドハウスは「日本政府は三月五日付で「外国通信員に告ぐ」として各種規定を彼らに通達してあったが、ジェイムスの不満は再発、タイムス社に訴えた」としている。（前掲註(6)ウッドハウス書（下）四頁）。

(36)　一九〇四年三月二九日付陸軍大臣寺内正毅作成満発第四六五号「内訓」『明治三十七年自三月十七日至四月二十三日第三号　副臨号書類綴　自第六〇一号至第九〇〇号　大本営陸軍副官管』（防衛省防衛研究所、大本営-日露戦役-M37-11-145）、JACAR：C06040610200。

(37)　一九〇四年四月一七日付陸軍大臣寺内正毅作成陸達第八十六号「軍用通信所発新聞電報取扱手続」『明治三十七年陸達綴』（防衛省防衛研究所、陸軍省-陸軍省達書-M37-1-1）、JACAR：C08070660400。

軍用通信所発新聞電報取扱手続〈抜粋〉

第二条　新聞電報ハ普通ノ日本語又ハ英語ヲ以テ記載シ、其ノ頼信紙ニ軍事司令部若ハ師団司令部ノ検印アルモノニ限リ之ヲ取扱フ

第六条　新聞電報ハ一軍ニ配属セラレタル内外通信員ヲ通シテ一日ニ付和文欧文各五通以内トス、但シ和文ニ在リテハ一通百五十字以内又欧文ニ在リテハ一通五十語以内トス

前項ノ通数ハ独立師団長適宜之ヲ通信員ニ分配シ予メ新聞電報ヲ取扱フ軍用通信所ニ通報スヘシ

第十一条　新聞電報ノ発送ニ関シ内外国通信員ニ於テ本手続ノ規定ニ違反セル行為アリタルトキハ軍司令官若ハ独立師団長ハ其通信ヨリ発スル新聞電報ノ取扱ヲ拒絶スヘシ

(38)　蜷川新（一八七三～一九五九）は、第一軍に国際法務係として従軍した二名のうちの一人である。東京帝国大学法科を卒業し、大学院在学中に召集される。この時、一年間の志願

兵の勤務を終え、予備将校の籍にあった。鴨緑江、遼陽、奉天の会戦に臨んだ後、名古屋俘虜収容所本部附となり、その間に『黒木軍ト戦時国際法』（清水書店、一九〇五年）を執筆した。

(39) 蜷川は自著に“Regulation for press correspondents”を記載するにあたり、外国武官の行動を規定する規則と併記したため、便宜上、外国武官の規則に「甲」を付して「甲 武官取締規則」とし、記者の規則は「乙 記者取締規則」と表記した。以下、蜷川書に記載された条項は全て英文であり、翻訳は筆者によるものである。

(40) 前掲註（38）蜷川書、一八七～一九一頁。

(41) 外国人記者団とは、第一軍に従軍した外国人記者一一名を指す。開戦まもなく約八〇名もの外国人記者が来日した日露戦争では、数多の外国人記者が従軍規制によって日本滞留を強いられた。当初、戦地で取材活動にあたった外国人記者は、一九〇四年三月下旬に大本営の決定によって第一軍への従軍を許可された一六名の記者達だけであった。この後、数ヶ月にわたって従軍許可が下りず、国内に滞留していた外国人記者達の中には、不満を抱いたまま帰国の途につく者もいた。国内外からの要請により、七月下旬にようやく第二軍に一八名、第三軍に一〇名が従軍を許されたことで、この問題は一定の収束を見せた。最終的に戦地へ渡ることが出来たのは、戦争中に来日した総勢一〇〇余名の外国人記者のうち、約半数に過ぎなかった。

(42) 前掲註（38）蜷川書、二一一頁。

(43) 同右、一九九～二〇八頁。

(44) 「外国通信員従僕補充規定」そのものを史料群中に見出すことは叶わなかった。関連史料としては、一九〇四年二月二三日の陸軍大臣から参謀総長への協議案に、「外国新聞記者中通訳人及従僕伴行ノ出願ナキ者多数ヲ占メ居候処、右ハ果シテ其ノ随従ヲ要セサル義ニ候哉判明不致候ニ付、若シ之ヲ要スルモノトスレハ此際至急出願スヘキ旨問合中ニ有之候申添候也」がある。この結果として二月二七日、「通弁又ハ従者ノ雇入ヲ希望スル場合ハ日本ヨリ随伴セサル者ニ限リ、従者并通弁各一名ニ限リ当該従軍記者ノ配属セラル、軍司令官ノ許可ヲ受ケ、帯同スルコトニ其筋ニ於テ便宜決定セル」こととなった（一九〇四年二月二三日発陸軍大臣寺内正毅より参謀総長大山巌宛密発第五九五号『明治三十七年自二月八日至二月二十六日 第壹号 副臨号書類綴 自第一号至第三〇〇号』（防衛省防衛研究所：大本営-日露戦役-M37-9-143）JACAR：C06040571800、一九〇四年二月二七日付小村外務大臣より林公使宛電送第二九〇号『日露戦役ノ際戦況視察ノ為外国新聞記者従軍一件 第一巻』（外務省外交史料館、5-2-11-0-9_001）、JACAR：B07091020900）。

(45) 前掲註（38）蜷川書、二一七～二一八頁。

(46) 藤井茂太『両戦役回顧談』（偕行社、一九三六年）、一〇二～一〇三頁。

(47)『東京朝日新聞』一九〇四年九月二二日付朝刊一頁四段「外国通信員の戦地引揚」。

(48) 一九〇四年九月一二日龍動発、同年九月一三日東京着、在英林全権公使より小村外務大臣宛電報第二七四号『明治三十七年九月 謀臨綴 保管 大本営陸軍参謀部』（防衛省防衛研究所、大本営-日露戦役-M37-7-141）、JACAR：C06040474900。

(49) 一九〇四年九月一四日発山縣参謀総長より大山総司令官宛電報参通八九三号『明治三十七年九月 謀臨綴 保管 大本営陸軍参謀部』（防衛省防衛研究所、大本営-日露戦役-M37-7-141）、JACAR：C06040474700。

(50) 一九〇四年九月一七日発長岡参謀次長より珍田外務次官宛大本営陸参通第九〇〇号第一「外国観戦員取扱方ニ関スル電報通報ノ件」、（附属書）一九〇四年九月一六日付参謀総長山縣有朋より満州軍総司令官大山巌宛電報、（附記一）一九〇四年九月二二日付児玉満州軍総参謀長より山縣参謀総長宛「辞表提出ノ件」、『日本外交文書』第三七巻・第三八巻別冊日露戦争Ⅲ巻、一三二～一三四頁。

(51) "TOPICS OF THE TIMES," *The New York Times*, 5 Sept.1904, p.4. 英文記事の翻訳は筆者によるものである。敢えて意訳をせずに、直訳した。

(52) リチャード・ハーディング・デイビスとジョン・フォックス・ジュニアは、ともに何ヶ月も国内待機を強いられ、一九〇四年七月末にようやく第二軍に従軍出来たものの、取材活動を十分に行うことが出来ない不満から途中帰国した記者達である。二人は、ルーズベルト大統領と懇意にしていることが伝えられていたため、外務省は二人への対応を気にかけていた。小村外務大臣は一九〇四年一〇月七日付の高平駐米公使宛文書において、高平から大統領に説明するよう次のように指示している。

戦地ノコトハ一ニ出征軍務当局者ノ裁量ニ任セサルヲ得ス、而シテ軍事上ノ必要ヨリ出テタル当局者ノ処分ハ外間ヨリ如何トモ致シ難キ義ニ有之、帝国政府ニ於テハ素ヨリ該通信員等ノ接遇ニ関シ充分ノ注意ヲ用ヒタルモ、右様ノ事情ニテ今日ノ成行ニ立至リ候ハ頗ル不本意ニ有之候へ共、実際ニ於テ亦不得已義ニ有之候、此辺ハ閣下ニ於テ篤ト御含置相成候様致度此段申進候

（「米国通信員ノ待遇事情ニ関シ内信ノ件」、『日本外交文書』第三七巻・第三八巻別冊日露戦争Ⅲ巻、一三七～一三八頁）。

(53) なお、ロシア軍側の観戦規制については、外国観戦武官の取り扱いに関するロシア軍参謀次長の報告書として、「軍事行動領域に入ることは望ましくない」としながらも、後方に配

属すれば不満を招くことになる。そして、部隊に悲しむべき事件が若干確認されたことが、佐藤守男『情報戦争と参謀本部—日露戦争と辛亥革命』（芙蓉書房出版、二〇一一年）二一七頁に述べられている。

（54）『日露戦役ノ際戦況視察ノ為外国新聞記者従軍一件』第一巻（外務省外交史料館、5-2-11-0-9_001）ならびに陸軍省編『明治三十七八年戦役統計』第六巻（一九一一年）内第五表を参照。なお、一九〇四年一〇月以後に従軍を許可されたのは、イタリアの記者一名を除けば、少数のイギリスとアメリカの記者だけであった。処遇改善後は単に従軍記者数を抑制する目的のみならず、特定の国の記者に便宜を図るための意図的な従軍許可否が行われた。

（55）記事としては、ジョージ・ケナンがアウトルック誌に掲載した連載記事「旅順物語」が挙げられる。George Kennan, "The Story of Port Arthur," *The Outlook* (4 March, 1905), pp. 523-528. 他一一冊。回顧録としては、スタンレー・ウオッシュバーンが日露戦後に出版した『乃木—戦争を支えた偉大なる人物—』があり、文中で乃木将軍と日本軍が幾重にも讃えられている。Stanley Washburn, *NOGI : a greatman against a background of war* (London : Andrew Melose, 1913).

（56）一九〇四年二月二五日発在米国全権大使高平小五郎より外務大臣小村寿太郎宛公第一七号「ジョージ・ケンナン（George Kennan）氏紹介之件」、『日露戦役ノ際戦況視察ノ為外国新聞記者従軍一件』第一巻（外務省外交史料館、5-2-11-0-9_001）、JACAR：B07091021400。

（57）Herbert G. Ponting, *In Lotus-Land Japan* (London : Macmillan and Co.,Ltd., 1910).

（58）前掲註（38）蜷川書、一九三頁。

（59）一九〇六年一二月二六日付金子堅太郎より外務大臣林へ提出、「日露戦役米国滞留記」第三編、『日露戦役関係各国輿論啓発ノ為末松、金子両男爵欧米へ派遣一件』第三巻、三一四〜三二六頁。（外務省外交史料館、5-2-18-0-33_003）、JACAR：B08090029700。

（60）前掲註（5）松村「日露戦争と外国新聞従軍記者」、四〇頁。

（61）『東京朝日新聞』一九一四年六月一六日付朝刊三頁六段「海外新聞界」。メキシコ侵攻時のアメリカ軍による具体的な規定内容は次の通りである。

　やかましい信任状の提出が要る、米国に忠誠なるべしといふ宣誓をさせる、一社一名、夫も記者の経験ある者に限つて臨時雇は許さぬ、活動写真は絶対に禁じられて只手提の小形写真機が許されるか切り、夫も現像の上は一切検閲を経なければならぬ、其外まだ色々あるが中に最も振つたのは身元保証金を納める一条である、不都合を働いた時は没収する約束で初めに四千円の有価証券を供

託させる、其上に別に食料被服寝具等の費用として二千
円を預けさせるのである

(62) 日清戦争では「新聞記者従軍心得」甲号が日英仏独の四ヶ国語で整えられたのに対して、日露戦争では戦地における記者取締規則ならびに冊子による外国人記者専用頒布物の外国語対応は、英語のみであった。これは、日本政府による意図的な施策であったと考えられる。対戦国がロシアとなった日露戦争では、国によって日本との緊密度に差が生じた。日本は外債募集を実施した英米に気遣いを示した一方で、フランスとドイツを警戒した。ゆえに、軍用通信所において外国語対応が英語に限定されたのも、各国との関係が考慮された上でのことと思われる。

追記：渡邊桂子氏は日本史研究会の近現代史部会（二〇一六年一月二一日、機関紙会館）において「日清戦争における武官・新聞記者の従軍依頼と政府・軍による対応—外国人従軍者に対する規定からみる—」を報告されているが、完成論文としては未刊行のため、本稿では参照できなかった。なお、筆者は二〇一三年一二月二一日の近現代史研究会（名古屋大学）での報告「日露戦争にみる外国通信員とその処遇」において、日清戦争における外国人記者の従軍許可について触れていることを付記しておく。

十字路

明治初期の園芸をめぐる異文化交流
―プラントハンター、カール・クレーマーを事例として―

小風 真理子

はじめに

開国まもない一八七二年の横浜の英字新聞は、山手公園でのフラワーショーの盛況ぶりを伝える中、当時まだ希少な洋バラを見事に咲かせ、日本にバラの栽培法を導入したクレーマー（Carl Kramer）という人物を賞賛している[1]。

横浜居留地研究では、幕末の横浜で山手の農園を管理しつつ園芸商社を経営していたが、後に商社を譲って帰国した人物と説明され[2]、近代園芸史研究もこの説を援用するが[3]、幕末から明治中期の本草学者、伊藤圭介の史料[4]や、鹿児島県の御雇外国人研究中にもクレーマーは現れる[5]。ただし、これらが同一人であるか否かについては注目されていなかった。だが明治の洋バラ研究者、中野孝夫は、同一人であるとする[6]。注目すべき指摘は、クレーマーがイギリスの園芸商社ヴィーチ商会[7]が一八六七～六八年に日本に派遣したプラントハンターだったという点である[8]。

元来、植物相の少ないイギリスは、帝国主義全盛の十九世紀には、茶やゴムなどの換金植物を求めて世界中にプラントハンターを派遣していた[9]。十九世紀後半には「ウォードの箱」[10]の発明と、水陸の「交通革命」[11]により、植物も世界を駆け巡るようになる。開港直後の一八六〇年に来日したヴィーチ、フォーチュンなどのプラントハンターたちは、外国人への厳しい移動制限のため自由な植物採集旅行ができず、日本人の植木屋から購入した少ない成果に落胆して帰国したという[12]。

クレーマーが来日した一八六七年頃には居留地に外国人も増え、一八七二年には政府の御雇外国人に許可されていた内地旅行が一般の雇い入れ外国人にも拡大された[13]。この明治初期に、彼は、横浜居留地を起点に東京から鹿児島や北海道にいたる、ほぼ日本を縦断するほどの広い範囲に植物採集の足跡を残した[14]。自ら日本全国を調査した最初期の事例であろう。

しかし、園芸雑誌刊行以前の時代には、科学的な植物探検調査で名を残すのは概して学者やパトロンで、収集家は記録に残されることが少なかったという[15]。クレーマーも世界的な園芸史ではほとんど知られていない[16]。だが日本に残る史料からは、明治初期の日本産植物収集の足跡、内外の植物学者との交流、御雇教師としての活動などの実態を知ることができるのである。

本稿の目的は、明治初期における園芸を媒介にした異文化交流という観点から、従来の断片的な研究情報を整理統合して、ほとんど忘却されてきたひとりの来日プラントハンター、カール・クレーマーという人物を歴史的に位置づけることである。

一　プラントハンターとしての来日

クレーマーが明治初期の横浜居留地で、農園や園芸商社で働いていたのは事実である。しかし前述のように、彼の軌跡が断片的にしか知られてこなかった原因は、研究史上だけでなく、当時の横浜居留地や他の地域においても、彼の出自についての認識がイギリスとドイツとに分かれていたからだと思われる。明治初期に来日した外国人の呼称については、当時の日本人が各自の耳で聞き取った不明確な音がそのまま日本側の史料に残されたため、史料により異なる表記となることが多かった。そこで、人名の最適な判断材料を欧文史料上の原綴りととらえ、さらに、同名の別人が存在している可能性も検討して、同人について名前の表記と活動の軌跡を確認した上で、【表1】に概略をまとめた。本稿ではこれをもとに論じていく。

結論からいうと、Carl Kramerはドイツ人であった。根拠を以下に示す。①ヴィーチ商会刊行の*Hortus Veitchii*[17]は、プラントハンターCarl Kramerについて、「ドイツ、フロートベックの庭師Herr Kramer の子」と記す[18]。②ロンドンの園芸家年代記は、父F. B. Kramerはドイツ在住四十年で長男とともに著名な園芸家で、次男は庭師として日本へ渡ったと記す[19]。③ベルギーの園芸誌は、彼は元々ハンブルグ近郊のフロートベックの出身だと記す[20]。④一八七二年の横浜居留地名簿は「山手六十三番」の住人としてC. Krämer と記す[21]。⑤明治政府の御雇外国人関連史料[22]は「独人」と記す。⑥彼を鹿児島県に御雇教師として推薦した軍医ウィリアム・ウィリス（William Willis）[23]は、推薦状で「彼はイギリス人ではない」と記す[24]。⑦西南戦争時における御雇教師解雇をめぐる一件を報じる外務省関連史料は「独人クラーメル」と記す[25]。以上の諸点から、ドイツ人カール・クレーマー（Carl Kramer）[26]は明治初期にただ一人と特定でき、活動時期や所在地にも矛盾がないと確認し得たため、横浜以外にも、日本各地で多面的で精力的な活動を追跡することができた。

【表1】 カール・クレーマー関連年表

No.	西暦	和暦	月日	氏名表記 *1	国籍	居住地	
①	1843	天保 14		Kramer, Carl			7
②				Charls Kramer	ドイツ	フロートベック	2
③	1867	慶応 3		Carl Kramer	ドイツ	ロンドン	1
④	1867	慶応 3	11/28	Kramer		横浜	2
⑤	1868	明治 1	9月	クレイメル	イギリス	横浜居留地 150 番	3
⑥	1868	1		Carl Kramer		コスタリカ	1
⑦	1869	2	6/29	C. Kramer		横浜山手居留地 63 番地	3
⑧	1869	2	冬	Mr. Kramer		横浜	3
⑨	1872	5	5/25	Mr. Kramer		横浜山手居留地 63 番地	1
⑩	1872	5		C. Krämer		横浜山手居留地 63 番地	2
⑪	1872	5	5/1 ～ 11/1	Carl Kramer ①クラーメル ②カルー・クラメー		(東京)	6
⑫	1872	5	11/1 ～ 6 年 4/29	Carl Kramer ①クラーメル ②カルノ・クラメー		(東京) 愛宕町 3 丁目	6
⑬	1871 ～ 72	4 ～ 5	冬	Mr. Kramer			3
⑭	1872	5		Mr. Kramer			3
⑮	1873	6	12月	Mr. Kramer			3
⑯	1873	6		MM. Kramer			4
⑰	1873	6	2/31	C. Kramer, Esp(Esq. か) クラマー		東京大手元酒井雅楽守様屋敷五番	6
⑱	1873 ～ 74	6 ～ 7		クラマ			4
⑲	1875	8		Carl Kramer カール、クラマー			6
⑳	1876	9	1/22 ～ 4/20 4/21 ～ 7/19	Kramer ①クラーメル	ドイツ	(東京) 第三大区三小区壱番町十番地	6
㉑	1876	9	5/19	Mr. Kramer	ドイツ		2
㉒	1876	9	9/1 ～	Carl Kramer ①クラーメル ②キャルル・クレメル	ドイツ	鹿児島県第三大区十四小区	7
㉓	1877	10	3/1	クラーメル	ドイツ	長崎	7
㉔	1877	10	(5月)	カール・クラメル カルル・クラームル クラーメル キャルル・クレメル	ドイツ	長崎	2
㉕	1878	11	8月から1年間	①キャルクラマル	ドイツ	長崎居留地	7
㉖	1879	12		C. Kramer			5
㉗	1882	15	10月	Charls Kramer	ベルギー	リエージュ	8

*1 アルファベットは欧文史料上の原綴り、カタカナ①は『御雇外国人』(本文註 (22) 参照)の見出し表記、カタカナ②は『御雇外国人』の原史料上の表記。無印のカタカナは日本側史料の表記。

*2 対応する本文の註番号。

※ なお、空欄は該当情報なし。

クレーマーの来日は、一八六七年十一月である。[27] 彼はヴィーチ商会が十九世紀に中南米や中国・日本、ボルネオなどに派遣した二十二名のプラントハンターのうちの一人で、一八六七〜六八年に日本とコスタリカ、グアテマラに赴任している。[28] 蘭のコレクターだった彼にヴィーチ商会が求めたのは日本における蘭の収集だった。[29] 当時のイギリスでは騰貴対象になるほどの蘭ブームだったからであろう。実際クレーマーは、来日の翌一八六八年には、「箱根近傍、富士麓并甲府街道ノ山辺」に「珍異ノ植物草木并其他生植物等捜索」の申請書を政府へ提出している。[30] 近辺には今も自生蘭が見られるし、「同氏貴国（日本）へ罷越目的」とあるからヴィーチ商会での任務である。だが商会は彼の成果を認めず、プラントハンターとしての適性がないとまで酷評し、翌年解雇してしまう。[31] 日本の蘭が商会の求める条件に合わなかったのか、両者の関係が悪化したのか、詳細は不明である。

二　日本産「ササユリ」の発見と輸出

ヴィーチ商会解雇後、クレーマーはロシアのキエフ植物園と契約したようである。[32] ヴィーチ商会の後ろ盾を失ったため、資金援助を求めて新たなパトロンを見つけたのであろう。

彼はコスタリカでの探索から戻ると横浜居留地山手六十三番地に住み、[33] すぐに植物関連の貿易を開始する。一八六九年には日本産植物の輸出広告を横浜の新聞に出し、[34] 一八七二年には、クレーマー商会の名で『日本のユリ、蘭、楓、種子等のリスト』というカタログを発行し、[35] 日本産植物をイギリスへ輸出した。中でも日本特産の「ササユリ」に注目し、自分の名を冠して「リリウム・クラメリ」(*Lilium krameri*) と名づけ、ヤマユリの美麗な新種としてこのカタログに載せて輸出品の目玉とした。したがって、明治初期にササユリを輸出したのが、クレーマー商会の後任者ジャーメンで、彼がクレーマーを記念して「リリウム・クラメリ」と名づけて輸出したとの説[36]は誤りである。

彼は一八六九年にはすでに、イギリスのユリ研究家ウォーレスに、[37] 日本のユリの多彩さ、日本人庭師から得た栽培技術などを書簡で伝え、一八七一から七二年の冬には、三〇〇〇以上の庭を廻り入手したというササユリの球根やスケッチなどを送っている。日本の海抜三〇〇〇フィート級の丘陵地での自生種として耐寒性が期待されたとおり、船旅でも腐敗せずに届き、翌一八七三年にイギリスで無事に開花し、全てのユリの中で最も優美な種であると英園芸界から絶賛された。[38] 同年の園芸誌は、「ケンジントンで展示されたササユリは、英国王立園芸協会の最優秀賞を獲得し、花弁は基本的に繊細な淡紅色だ。」と記し、「純白からバラ色、藤色など驚くほどの変種が存在する。」とのクレーマーの談話も伝えている。[39] また同年のベルギーの園芸誌上でも話題となった。「昨今、欧州の植物愛好家たちは日本の植物を非常に気に入っているが、クレーマー商会は横浜からそれらをイギリスへ送っている。数日前に大変興味深い彼のカタログを入手したが、特に注目すべきは珍しい新種のユリ（ササユリ）で、多くの愛好家たちは彼の日本のユリのカタログを見るのを楽しむことだろう。」と。[40] その後は欧米各地の園芸カタログに、特に優雅な日本原産のユリとして挿絵とともに掲載された。[41] ユリが欧米人に好まれた理由としては、花姿や香り、耐寒性などのほかに、聖母マリアのシンボルだったことも重要だっただろう。[42]

このカタログには、ほかに、クマガイソウ、サギソウ、エビネ、名護蘭、風蘭、コウゾ、ミツマタ、クワ、ウルシ、ギボウシ、ツバキ、アオキ、カエデ、ケヤキ、柿、杉、松、モミ、シュロなど多様な日本産植物が並ぶ。[43] 希少な蘭や有用植物の品揃えから彼の日本産植物への深い造詣がうかがえる。精力的な探索、日本人庭師への積極的な取材なども、ウォーレスへの書簡から十分推測できる。

三　植物学者、伊藤圭介・サバティエらとの交際

クレーマーは内外の植物学者とも交流があった。ことに、日本有数の植物学者、伊藤圭介と昵懇だった。伊藤は、江戸後期に洋学と医学を学び長崎でシーボルトに師事して博物学を修め、明治期には文部省出仕、東京大学教授を経て小石川植物園に勤務し、『日本植物図説』ほか多くの植物書を著し世界的にも知られた人物である。[44]

伊藤の日記によれば、二人の関係は一八七三～一八七四年の二年間に集中している。[45] 伊藤はクレーマーに日本植物の腊葉（乾燥標本）の鑑定を行ない、[46] クレーマーは伊藤へ洋書やアジアの本草書を貸与し、[47] 後の新宿御苑や博覧会へ同行するなどの交誼を結び、[48] 幕末に横須賀製鉄所付きの医官として来日していたフランス人サバティエ（P. A. Ludovic Savatier）を伊藤へ紹介した。[49] サバティエは博物学全般に通じ、日本での採集品をもとに『日本植物目録』[50] を著し、日本植物の名称判定をしたほか、欧州産の野菜や果物などを日本へ順化させるなど、日仏の植物学術交流に貢献したことで知られている。[51]

サバティエとクレーマーは一八七一年に出会い、お互いの植物標本を検分して意気投合し、勤務上横須賀から移動しにくいサバティエにかわり、各地で収集した植物を彼に送ることを約束した。そして、本草家の伊藤と弟子の田中芳男に紹介しようとしたのである。伊藤は当初、外国人に自分の植物標本を見せると奪われてしまう、との怯えからサバティエに会うことに疑心暗鬼になっていたが、サバティエは日本の標本と引き換えに欧州産の標本を伊藤に贈ることで信頼を獲得した。[52] 伊藤はその後、クレーマーを介

して自身の『植物図説』の序文をサバティエから寄稿してもらっている。[53] クレーマーはサバティエに、日本各地で採集した標本を提供して協力したため、[54]『日本植物目録』には彼の名を冠した*krameri*という学名の植物が散見する[55]ほか、同書にはサバティエからクレーマーへの謝辞もある。[56]

また近年、彼らの交流について新事実が判明した。東京大学が二〇〇九年の展覧会用に借用したフランスの「ミシエル・サバティエ・コレクション」[57]の中に、日本の『和洋ユリ彩色図譜』（折帖形式、和紙）[58]の原本があることがわかり、これにクレーマーが関与していたというのである。[59] この図譜は、江戸期の博物画家、馬場大助が描いたものをクレーマーが入手し、それを伊藤が借りて、当時博物局に勤務していた植物画家、加藤竹斎に模写させたもので、クレーマーの手元に戻った図譜が友人のサバティエへ渡ったのだろうと推測されている。[60] その後の追跡調査はなされていないが、伊藤の日記を読んでみると、当時の状況が確認できた。一八七四年の四月に加藤竹斎が模写する画を探していた際、[61]伊藤がクレーマーから借りた「百合図」を秀作だとして貸している。[62] 五月には伊藤から竹斎へ、「百合帖」をクレーマーへ延長して借用したから早く写して返却するよう催促している。[63]「百合之折本」、「百合図」、「百合帖」という言葉と、伊藤、竹斎、クレーマーとの三者の関与から、これが『和洋ユリ彩色図譜』原本の貸与、返却の経緯を示す史実であろう。前述のとおり、クレーマーは日本産ユリの新種発見と輸出に深く関わっていたし、一八七一年には、サバティエがクレーマーに日本産ユリのコレクションをパリに送るように依頼していた。[64] 彼らの信頼関係が成立していたことから、このような異文化交流が可能だったのであろう。

一八七五年には、開拓使の最高顧問であったケプロンの後継者として北海道や横浜の園芸に貢献したベーマーにも、北海道で標本の同定や園芸書の貸与などに協力している。[65] 翌一八七六年七月には、札幌農学校赴任のため来日していたクラークが、小石川植物園に伊藤圭介を訪問して日米の植物交流をしたのだが、北海道へ向うクラークの送迎会にはクレーマーも参加して、伊藤にその状況を報告している。[66]

四　鹿児島県における園芸上の功績

クレーマーは、同時期に政府の御雇教師としても活動していた。一八七二〜七三年には、大蔵省の御雇の身分で、[67]東京で陸軍省の軍人や士族に農学を教え、[68]一八七六年には東京医学校（現東京大学医学部）で製薬学と植物学の教授となる。[69] さらに、同年秋には、英人医師ウィリスの紹介[70]によって鹿児島県に植物学教師として赴任し、[71]一八七八〜七九年までは長崎で本草学の教師として働いた。[72]

御雇教師としての動静が具体的に明らかになるのは鹿児島である。ここではウィリスとともに教育に奔走したのだが、西南戦争により解雇を余儀なくされたからである。鹿児島では当時、積極的に御雇教師を九名ほど招聘していたが、内乱の惨禍が外国人に及ぶことを危惧した政府が、彼らを一斉に解雇したのである。そのうち最後まで鹿児島を離れなかったのがウィリスとクレーマーであった[73]。

退避先の長崎から、クレーマーは寺島宗則外務卿に次のような書簡を送っている[74]。「鹿児島への奉職は、九州南部から北琉球辺までの未研究の動植物類の調査をしたいとの宿願のためである。県下の地質に適合する西欧の良材や草木類を順化させ、当地の農業に貢献したかった。試験用地での栽培事業が内戦により中絶したことは残念である。鹿児島では医学校と試験園の管理で充実できたが、避難先の長崎では教育もできず虚しい。必要とされれば、今後は植生研究が未着手な四国の西海側の調査に尽力したい。」と。この騒動中には、クレーマーが前年に鹿児島試験場用にフランスへ発注していた草木の種四三五種余りが横浜に到着したため、クレーマーも県も対処に窮していた。これは政府の判断で内務省の勧農局が仮引受けしたものが[75]、一八七七年冬に鹿児島県の勧業課を経て苗木場や農家に配布され、内乱終結後の一八七八年には県試験場に植栽されたという[76]。輸入した西洋植物の種は、樹木から薬草、ハーブ、野菜、果物、煙草など多岐にわたっていた[77]。「国家の隆盛は民の貧富にありと言うから、自分はそれに貢献したい[78]。」という熱意は着実に実行され、のちに鹿児島で煙草栽培が主要産業になることなどを思い起こすと、彼の功績は大きかったといえる。もし西南戦争がなければ、同県では更なる農業分野の発展が期待できたのではないだろうか。

おわりに

カール・クレーマーは、英ヴィーチ商会のプラントハンターとして二十四歳で一八六七年に来日したが[79]、解雇直後は横浜居留地で園芸貿易に従事していた。イギリスにウォーレスを通してバラの輸入経路をもっていた彼は[80]、当時西洋文化の象徴として高まる洋バラ需要による利益を知っていたはずだが[81]、貿易よりは教育や植物学者との交流へ軸足を移していく。日本人が新奇で華やかな西洋植物に夢中になる時代、彼は日本に自生する日本的情緒や野趣を帯びたササユリや山野草などに美と価値を見出し、内外の植物学者とともに海外に紹介した。一方、各地で御雇教師として勤務したが、鹿児島では当地に適合する植物の模索や西洋種の輸入など、農業への献身ぶりが際立っていた。

外国人の国内移動に制約のあった明治初期、彼が日本各地で活動し得たのは、外国人の内地旅行が緩和された時期の来日、プラントハンターや御雇教師の肩書きのほかに、豊富な知識や技能を蓄積していたからであろう。[82] また、「日本語に堪能で優秀な教師」とのウィリスの評価、鹿児島での不遇な解雇処分にも「一切苦情ケ間敷儀不申出、目今非常ノ際、能ク我国情ヲ諒察シ、至極正直ノ人物」との長崎県令の賞賛[83]などは彼の人間性をうかがわせる。プラントハンターは、植物学以外にも、動物学、地質学、測量術、医学などの知識や、現地人との円滑な関係の構築が必要だった。[84] 彼の軌跡は、プラントハンターとしての優れた資質を十分に証明している。

日本を離れた時期は不詳だが、一八八〇年頃にはベルギーのリエージュのサン・ジール城で園丁長として勤務したのち、一八八二年に三十九歳の若さで同地に没したという。[85] ベルギーの園芸誌は、「彼は日本や中南米への探検旅行での無理がたたって夭折したが、ベルギーで彼を知る誰からも尊敬と共感を得ていた。」と愛惜している。[86]

クレーマーはプラントハンターとして世界で名を上げることはなかったが、明治初期の日本では、情熱的な植物収集家、教育者、農地開拓者として多才な魅力を発揮して日欧の園芸交流に広く尽くした。開国当初の攘夷の風潮の中にあっても、このような、植物を媒介にした日欧の異文化交流が行なわれていたことは注目に値するし、時代や国によりプラントハンターの役割も多様であったことの証左として、園芸史の分野でも再評価されてしかるべきものと思う。

＊追記：本稿を作製するにあたり、国立科学博物館の遊川知久氏、鹿児島県歴史資料センター黎明館の林匡氏、英国キュー王立植物園Royal Botanic Gardens, KewのCraig Brough氏、英国王立園芸協会Royal Horticultural SocietyのThomas Pink氏、Lucy Waitt氏、ベルギー国立植物園Botanic Garden MeiseのDenis Diagre-Vanderpelen氏 等の方々から様々なご教示をいただいたことを、ここに記して謝意を表します。

註

(1) “Notes of the Week,” *The Japan Weekly Mail*, May 25, 1872.

(2) 鈴木一郎『日本ユリ根貿易の歴史』（私家版、一九七一年）九頁、斎藤多喜夫「横浜人物小誌」三一「外国人墓地管理人の花屋さん、ジャーメイン」（『横浜開港資料館報』三八号、一九九二年）。

(3) 白幡洋三郎『プラントハンター』（講談社学術文庫、二〇〇五年）二五九～二六〇頁。

(4) 伊藤圭介日記『錦窠翁日記』第五～第七集（圭介文書研究会、名古屋市東山植物園、一九九九～二〇〇一年）。（以下、『錦窠』と略）。

（5）芳即正「明治初期鹿児島県のお雇い外国人」（『鹿児島県立短期大学地域研究所研究年報』六号、一九七八年）。

（6）中野孝夫「横浜の薔薇 in 明治初期」（『ばらだより（日本ばら会年報）』五〇七号、一九九八年）二六〜二八頁、同『明治薔薇年表』（オールドローズとつるばらのクラブ、二〇〇五年）一八〜四四頁。

（7）ジョン・ヴィーチが創立した会社。前掲註（3）白幡書六七〜七六頁など参照。

（8）James H. Veitch, *Hortus Veitchii*, London, James Veitch & Sons Limited, Chelsea, 1906, p. 55.（以下、*Hortus Veitchii* と略）。

（9）飯田操『ガーデニングとイギリス人』（大修館書店、二〇一六年）など参照。

（10）携帯用ガラス製温室。前掲註（3）白幡書、一〇〇〜一一八頁、前掲註（9）飯田書、一七九〜一八二頁。

（11）小風秀雅『帝国主義下の日本海運』（山川出版社、一九九五年）など参照。

（12）アリス・コーツ（遠山茂樹訳）『プラントハンター東洋を駆ける』（八坂書房、二〇〇七年）四〇〜六一頁。

（13）『世界漫遊家たちのニッポン』（横浜開港資料館、一九九六年）二二頁。

（14）前掲註（6）中野孝夫の研究を再検証した。

（15）前掲註（12）コーツ書、七頁。

（16）英国キュー王立植物園、英国王立園芸協会、ベルギー国立植物園などへの調査による。

（17）前掲註（8）*Hortus Veitchii.*

（18）"Carl Kramer," *Hortus Veitchii*, p. 55.

（19）"The Late Mr. Kramer," *The Gardeners' Chronicle* vol. XIII, new series, London, 1880, pp. 327-328.

（20）*La Belgique Horticole*, Liège, 1882, p. 386.

（21）"Yokohama Hong List and Directory," *The Japan Gazette*, 1872, p. 36.

（22）ユネスコ東アジア文化研究センター編『資料御雇外国人』（小学館、一九七五年）。（以下『御雇』と略）。

（23）駐日英国公使館付医官。鹿児島県で近代医学の導入に尽力した。ヒュー・コータッティ（中須賀哲朗訳）『ある英人医師の幕末維新』（中央公論社、一九八五年）など参照。

（24）明治九年五月十九日付「大山綱良宛ウィリアム・ウィリス書簡」（鹿児島県歴史資料センター黎明館蔵「ウィリアム・ウィリス文書」、文書四四―一〜二八―三九三号）。

（25）外務省令写「鹿児島雇外国人数名解雇一件」（東京大学史料編纂所蔵）のうち「独人クラーメル氏之部」。（以下『独人ク』と略）。

（26）Carl Kramerの日本語表記は、『アルファベットから引く外国人名よみ方字典』（日外アソシエーツ、二〇〇三年）Kramerの項参照。本稿では「カール・クレーマー」で統一する。

(27) Nov. 28, 1867, *Japan Times Overland Mail*（『明治初期新聞集補遺二』横浜開港資料館復刻版蔵）来日船客名簿。来日を一八六二年とする前掲註（2）鈴木論文は典拠を示していない。

(28) *Hortus Veitchii*, p. 55.

(29) *Hortus Veitchii*, p. 55.

(30) 明治元年「公文録」九月二十日付「寺島陶蔵・井関齋右衛門宛ラクラントフレッチエル申立書」（「国立公文書館蔵英人クレイメル植物捜索ノ為メ富士山麓辺へ発程ノ儀申立」）。

(31) *Hortus Veitchii*, p. 55.

(32) 一八七一年九月十日付「フランシェ宛サバティエ書簡」（西野嘉章、Christian Polak「日本近代植物学黎明期における日仏協働の実相」（『植物研究雑誌』第八六巻―第三号、二〇一一年）一七五頁。

(33) 前掲註（21）"Yokohama Hong List and Directory," 1872.

(34) 前掲註（6）中野『明治薔薇年表』の註（17）、一八～一九頁。ただし掲載新聞名は未詳。

(35) *List of Japanese Lilies, Orchids, Maples, Seeds, etc.*, Messrs. Kramer and Co., Yoko-hama, Japan, Messrs. Teutschel & Co., Colchester, 1872.

(36) 前掲註（3）白幡書、二五九～二六〇頁。

(37) イギリスで輸入ユリや蘭を扱う経営者兼園芸家。"Wallace, Alexander (1829-1899)," Ray Desmond, *Dictionary of British and Irish Botanists and Horticulturists*, The National History Museum, London, 1994.

(38) "*Lilium krameri*," *The Garden, an Illustrated Weekly Journal of Horticulture in All Its Branches*, Vol. IX, London, 1876, p.162., A. Wallace, "Kramer on Japanese Culture," *Notes on Lilies and Their Culture, second edition*, Colchester, 1879, p. 21.

(39) "*Lilium kramerianum*, or *krameri*," *The Floral Magazine*, new series, London, 1874, p. 105.

(40) "La Flore du Japon," *La Belgique Horticole*, Liège, 1873, p. 69.

(41) "*Lilies. Krameri*," *Bulbs, Plants and Seeds for Autumn Planting*, Peter Henderson & Co., New York, 1896, p. 43.

(42) 特に白ユリは、聖母の清らかさを連想させる花として、受胎告知の絵には必ず描かれている。春山行夫『花の文化史』（講談社、一九八〇年）一一六頁参照。

(43) 前掲註（35）クレーマー商会カタログ。

(44) 杉本勲『伊藤圭介』（吉川弘文館、一九六〇年）参照。

(45) 前掲註（4）『錦窠』第五～第七集。

(46) 明治六年七月二十日条（『錦窠』六集、一四頁）。

(47) 明治六年一月二十二日条（『錦窠』五集、四頁）、三月十九日条（同四二頁）など。

(48) 明治六年三月十九日条（『錦窠』五集、四一頁）、四月十日条（同五八頁）など。

(49) 明治六年二月二日条（『錦窠』五集、一四頁）など。

（50）Franchet et Savatier, *Enumeratio Plantarum : in Japonia Sponte Crescentium*, Parisiis, volumen primum, 1875, volumen secundum, 1879.（邦題は『日本植物目録』）。

（51）前掲註（44）杉本書、二三九頁、前掲註（32）西野・Christian論文など。

（52）前掲註（32）西野・Christian論文、一七八頁。

（53）『錦窠』六集、明治六年十二月十四日条（一〇二～一〇三頁）、前掲註（44）杉本書、二三七～二三九頁など。

（54）前掲註（32）西野・Christian論文、一七六頁。

（55）*Geranium krameri*（タチフウロ）、*Omphalodes krameri*（ルリソウ）など。

（56）前掲註（50）*Enumeratio Plantarum*, volumen secundum, p. 258.

（57）「維新とフランス—日仏学術交流の黎明」展（東京大学総合研究博物館、二〇〇九年）。

（58）西野嘉章、クリスティアン・ポラック編『維新とフランス』カタログ（東京大学出版会、二〇〇九年）展示物リスト四二七番の解説（三二一頁）では「製作者未詳」とされる。

（59）「行方不明のユリ図譜の原本見つかる」（前掲註（57）「維新とフランス」展に関する記者発表、東京大学広報）http://www.u-tokyo.ac.jp/public/public01_210508_j.html

（60）前掲註（59）でユリ研究家、大石勝彦による説とされるが典拠史料は示されていない。

（61）明治七年四月二十二日条。「竹斎来ル、右ハ近来事務局務メ無之由、何ゾ写物有之候ハヽ頼ミ也」（『錦窠』七集、七八頁）。

（62）明治七年四月二十六日条。「クラマヘ尋、・・・百合之折本かり、右為写可申事」（『錦窠』七集、八三頁）、「竹斎・・留守也、クラマより借用之百合図預ケ置、・・宜敷品候ト申置」（同八四～八五頁）。

（63）明治七年五月五日条。「竹斎へ、百合帖先方へ又々相頼ミ暫時貸り請申候、付而ハ又々早ク返し申度、御写し奉願候」（『錦窠』七集、八九頁）。

（64）前掲註（32）西野・Christian論文、一七六頁。

（65）ホラシ・ケプロン編（開拓使外事課訳）『開拓使顧問ホラシ・ケプロン報文』明治十二年、五六二～五六三頁。

（66）財部香枝「W. S. クラーク博士と伊藤圭介」（『貿易風』中部大学国際関係学部論集一、二〇〇六年）二一二頁。

（67）『錦窠』六集、一一四頁。巻末資料紹介「人名封筒集」（人名封筒二）の中のクレーマー宛て封筒（明治六年二月三十一日消印）の宛名書きに「大蔵省御雇」と記載がある【表1】-⑰。

（68）前掲註（22）外務省記録二、七（『御雇』二六二頁）。

（69）東京大学関係雇外国人教師書類一、四、太政類典二（『御雇』二六二頁）。

（70）前掲註（24）「大山綱良宛ウィリアム・ウィリス書簡」。

（71）外務省記録一（『御雇』二六二頁）。

（72）外務省記録三（『御雇』二五三頁）。

(73) 前掲註（5）芳論文、五六頁。
(74) 明治十年六月一日付「寺島宗則宛カルクラメル書簡」（『独人ク』所収）。
(75) 明治十年六月九日付「前島密宛森有礼書簡」など（『独人ク』所収）。
(76) 前掲註（5）芳論文五六頁、『鹿児島県史』第四巻、三七六頁。
(77)「鹿児島試験場用種類送状」（『独人ク』所収）。
(78) 前掲註（74）「寺島宗則宛カルクラメル書簡」。
(79) 生年は一八四三年。R. K. Brummitt and C. E. Powell, *Authors of Plant Names*, Royal Botanic Gardens, Kew, 1992.
(80) 前掲註（38）A. Wallace書、*advertisements*, vii, “Kramer on Japanese Culture” 参照。
(81) 最相葉月『青いバラ』（新潮文庫、二〇〇一年）二七四～三五六頁。
(82) 前掲註（24）「大山綱良宛ウィリアム・ウィリス書簡」。
(83) 明治十年七月二十日付「外務卿寺島宗則宛長崎県令北島秀朝書簡」（『独人ク』所収）。
(84) 前掲註（12）コーツ書、八頁。
(85) *Bulletin de la Société Botanique de France*, Paris, 1882, p. 190.
(86) 前掲註（20）*La Belgique Horticole*, Liège, 1882, p. 386.

史料紹介

翻刻飛脚関係摺物史料（七）

藤村潤一郎

「翻刻飛脚関係摺物史料」（六）交通史研究六五号の続稿である。今回翻刻許可下さった関係各位に深謝します。翻刻に際しての要領は従来通りである。（1）、（2）とあるのは枠線による区切りを示す。他に版心の丁数を（「　」）で示す事にする。なお、既発表の「翻刻飛脚関係摺物史料（一）～（六）」の掲載史料を示す際には、（一）～（六）の別と史料番号を記した。

書誌的事項について記す。

国文学研究資料館所蔵甲斐国山梨郡下井尻村依田家文書再改二五九　内国通運会社山梨県下村井弥兵衛請取書は一〇四×二三六で、請求番号二七J四八九六、（内国通運会社山梨県下村井弥兵衛預り証）、依田道長宛、丑年である。再改二五九としたのは、改二五九が一七八と同一だったためである。

大阪商業大学商業史博物館所蔵河内国若江郡御厨村加藤家文書

三〇〇　大坂近江屋喜平治江戸飛脚出日定は一四三以上×三〇八以上である。四角枠がある。以上としたのは天の部分が切断されているからである。切断分に文言はなかったと考えられる。『大阪商業大学商業史研究所資料目録』第三集（後編）、平成九年三月刊、二五〇頁に、「江戸飛脚出日定　近江屋喜平治　一通　四二一六―二」とある。

大阪商業大学商業史博物館所蔵商業資料

三〇一　大阪諸国陸運元会社、堺、大津、岸和田、信達、山口、若山諸国陸運会社従大阪至若山物貨逓送賃銭表は二五〇×三四五であり、二二一×三二一の枠がある。大阪商業大学商業史博物館編『大阪商業大学商業史博物館資料目録』一〇集、平成一八年三月刊、一頁に、一六・一二「大阪内平野町二丁目諸国陸運元会社従大阪至若山物貨逓送賃

銭表」とある。（14）の天の堺から若山迄の地名と地の諸国陸運会社の間の町丁名のあるべき所は彫り残しのため黒色の長方形になっている。なお、翻刻文に付した同一のアルファベットは、記載欄が並列することを示す。（2）の場合、「急便」の「従大阪至堺」は「掛目百目迄」が「八厘」となる。

京都新報

三〇二　京都飛脚賃定価は「明治辛未京都新報第一号」所載で、北根豊監『日本初期新聞全集』三一、三〇七頁、ぺりかん社、平成三年八月二〇日刊に収録されている。

三井文庫所蔵三井高陽文庫

三〇三　和州飛脚休日書は一四〇×一八五～一八六で、請求番号高陽一七二である。越後屋七郎右衛門は文久三癸亥夏、洛下隠士換書堂主人序『花洛羽津根』巻三の諸国飛脚之部に「和州同《（飛脚）》　柳馬場蛸薬師下　越後屋七郎右衛門」（新撰京都叢書刊行会編著『新撰京都叢書』巻三、一八四頁）とある。

三井記念美術館所蔵三井高陽コレクション飛脚関係資料

三〇四　江戸定飛脚仲間乍憚口上は二五〇×一〇三で、請求番号九〇（八五）—三三である。御上洛が徳川家茂とすると、江戸城出発は文久三年二月一三日である。一七日との関係も含めて今後考証が必要である。

三〇五　日本橋室町定飛脚問屋京屋請取書は二三五×一六三で、請求番号九〇（八五）—八、（九、一一）も同内容である。以下（　）は同内容を示す。

三〇六　大和屋、中筋屋請取書は二五〇×一一〇で、請求番号九〇（八五）—二七である。（五）二三四「大和屋、中筋屋長崎七日限飛脚出日」参照。

三〇七　定飛脚所嶋屋請取書は二五八×一五一で、請求番号九〇（八五）—六である。

三〇八　武州川越定飛脚会所近江屋請取書は二四二×一〇四で、請求番号九〇（八五）—一五である。右上隅に「御吟味物／壱ケ年限」の枠付黒印がある。

三〇九　武州川越定飛脚所井上□《（読不明）》之進請取書は二四九×一一二で、請求番号九〇（八五）—一二である。

三一〇　三島宿定飛脚取次所間宮清左衛門、新四郎請取書は二四六×一七一で、請求番号九〇（八五）—二（三、四）である。右上隅に「御吟味物／三ケ年限」の枠付黒印がある。

三一一　三島宿定飛脚取次所間宮新四郎請取書は二四八×一七〇で、請求番号九〇（八五）—一である。右上隅に「御吟味物／三ケ年限」の枠付黒印がある。

三一二　三島宿早飛脚所平田屋平右衛門請取書は二三三×一五四で、請求番号九〇（八五）—三四である。

三一三　三島宿早飛脚所平田屋平右衛門請取書は二三三一

×一五三で、請求番号九〇（八五）—一二三である。右上隅に「早便」の枠付黒印がある。
三一四　三島宿定飛脚問屋世古六太夫請取書は二八二×一八〇で、請求番号九〇（八五）—三五〔三六〕である。印は丸印だが、三島市誌編纂委員会編『三島市誌』中巻三一六頁第七十三図定飛脚取次所印では四角、枠付で「豆州三嶋宿／定飛脚取次所／世古六太夫」とある。
三一五　岡崎定飛脚樋口與次右衛門請取書は二三〇×一一〇で、請求番号九〇（八五）—三二である。（三）九一「岡崎宿定飛脚所樋口与次右衛門定飛脚通日」参照。
三一六　敦賀飛脚□□□《（読不明）》兵衛請取書は二四二×八四で、請求番号九〇（八五）—二六である。「右　通」は摺ミスでの空白だろう。「之」と推測される。
三一七　橘屋喜三郎符箋は八〇〇×三八〇で、下部一三〇は紫色（上部が薄い色）である。（上一字）御、（上八）よ、（上一六）方が改行の三行で、請求番号九二（七六）—四である。三井文庫編集発行『三井高陽コレクション—切手と文献』一九八九年一月二〇日発行の四一頁に写真があり、四〇頁に「明治に入ってからの状で、横浜から東京浅草に宛てたものには『一日限』とあり、即日速達を意味している。下に符箋がついていて、『御返之義は何卒よし町橘屋へ…』という宣伝文句がついている。官営の新式郵便と激しく競争していた時期のものかと思われる」とある。
三一八　あ⃝《（筆写）》店走り請取書は四四×一五で、四二×一四の枠があり、縦は上から一〇と三二に分かれ横線が入っている。紅紙である。請求番号九二—二九である。封筒（表）「御本殿、上原数馬様、鈴木沖見様、大坂　亀田修理、店走り」、（裏）「〆正月廿九日出　賃すミ」の表に貼付である。解説には「京都（西本願寺）」とある。
三一九　西京水陸物貨運輸所請取書は一二二×一七二で一一三×一六四の青色枠がある。請求番号九〇（八五）—三七である。（1）（2）（3）は一一三×一八の内を上から二七、四〇、四六に三分している。（4）は一一三×二〇、（5）は「届先」は横書で一一三×二〇、（6）は一一三×一三、（7）は一一三×四五、（8）は一一三×二八である。日付には明治十三年五月一日の墨書が書き入れられている。

三井文庫所蔵文書

三二〇　京飛脚年中定は「文久四年京飛脚広告」、請求番号D五四〇—二七で二六一×三九〇である。

外二四〇、内二三八×外三六〇×二五六の枠（幅二）の枠があり、枠外端天に（1）である。端から四四に縦線があり、その天から一三八に横線がある。上部が（2）、下部が（3）である。

つぎに二五三で縦線がある。この部分は天から一一八に横線があり、上部には奥から二一に縦線があり、奥分が（5）である。残り分が（4）で、天から四三に横線があり上部に正月～十二月が併記されている。下部は正月の下が二三、二一～八月が各二一、九月は二〇、一〇～一二月は各二一に縦線があり、日、休が記載されている。

前記天から一一八の横線の下部が（6）で、江戸、加賀、越前が各一六、近江が二三、美濃、伊勢、尾張が各一六、摂津が二六、河内、和泉が一六、大和が一五、紀伊が一六、播磨が二一、丹波が一五、丹後が一四の縦線で区分されている。最後の三四が（7）である。

早稲田大学図書館所蔵「滝沢家訪問往来人名簿」

右書は滝沢解（馬琴）・同路筆写、半紙本一冊で、早稲田大学図書館　曲亭叢書（イ四・六〇〈一二〇〉特）で、題簽は饗庭篁村筆である。柴田光彦編『曲亭馬琴日記　別巻』、中央公論新社、二〇一〇年二月二五日初版発行、四六五—五二一頁に収録されており、三二一　定飛脚問屋仲間口上は四八〇頁、三二二　定飛脚問屋六軒仲間上方筋早便並便飛脚定日は四八五頁にあり、共に（印刷貼込）である。

加藤定彦氏から教示され、柴田光彦氏からインターネット画像のご提供を得た。画像については白石克氏のご尽力をいただいた。なお（一）二七、（二）三八の定飛脚問屋六軒仲間仕法帳は文化三年四月で三二二と同年月であるから関連が考えられる。仕法帳について適当な個所ではないが、天保一二辛丑年正月、越後国刈羽郡北条宿問屋村山八郎兵衛、同同伜仲吉「五海道方雑記」（創立三十周年記念出版編纂委員会編『翻刻宿方雑記道中奉行留』、柏崎刈羽郷土史研究会、平成一七年五月一日発行）八三—八四頁につぎの一札がある。

差上申一札之事

私共六軒仲ケ間取締方ニ付、飛脚賃等取極板行摺ニ仕、御出入御武家様方町方得意之向へ相配り度段、案文取調差上奉願候処、再応御糺之上、賃銀極其外不相当之義も無之候間、願之通板行摺御聞届被遊候、依之案文之通入念無間違板行ニ仕立、御出入御屋敷方并町方得意之もの江勝手次第相配り、以来猥りニ不相成様可致段被仰渡、一同承知奉畏候、仍御請証文差上申処如件

文化三寅年

三月廿九日

万屋又七店
大坂屋茂兵衛　印
室町弐丁目権八店
京屋弥兵衛煩ニ付
代召仕　善次郎　印
右茂兵衛方同居
伏見屋九兵衛煩ニ付
召仕　文蔵　印

瀬戸物屋市兵衛方
嶋屋佐右衛門大坂住宅ニ
付預り
友　七　印
左内丁五郎兵衛店
和泉屋甚兵衛　印
右佐右衛門同居
山田八右衛門幼年ニ付
召仕　清　六　印

道中
御奉行所

つまり仕法帳は道中奉行所に願出た上でのものである。

『平塚小誌』

三二三　東海道平塚宿平田惣兵衛請取書は平塚市教育研究所編輯『平塚小誌』神奈川県平塚市発行、昭和二七年四月一日発行の三二三頁に写真が掲載されている。平田惣兵衛の印は読めない。右上部に「平塚文書」の印が捺されている。三二四頁に「平田惣兵衛が飛脚問屋をつとめていたので、ここを三度屋といつた。この飛脚屋が郵便屋に変つていつた。たしか明治十年頃、平田隆治郎氏が郵便屋をやつたのが始めではなかつたろうか」とある。

福島市金子一郎所蔵文書

三二四　福島上町定飛脚京屋請取書は、福島市史編纂委員会編『福島市史』9近世資料Ⅲの口絵「福島飛脚問屋文書」、松木町金子一郎蔵、京屋の送金手形による。御子息金子賢太郎氏から御許可をいただいた。

福島県歴史資料館寄託岩代国信夫郡瀬上宿近江屋内池家文書

三二五　紀州若山毎日飛脚所は、二四五〜二四六×一一〇〜一一五で、『歴史資料館収蔵資料目録』第二三集八七頁の内池家文書U一六七九「紀州若山毎日飛脚所」である。なお左奥に「若山、広瀬　町奉行丁ノ西　弁方天山入口本居三四右衛門　藤垣内大手」の朱記がある。

三二六　福島上町京屋請取書は二四一×一七〇で、『歴史資料館収蔵資料目録』第二三集四二頁の内池家文書U〇七七三「覚（福島上町京屋弥兵衛より近江屋与五郎宛、金一歩御届申す）」である。

東京都藤村所蔵文書

三二七　宮駅定飛脚問屋、名古屋同出店口上は二四八×三五二である。

三二八　大坂津国屋、江戸嶋屋江戸三度定飛脚出日は三四〇×四八〇である。

最初に外枠二五九—二六〇、内枠二五〇—二五二、幅五の太枠があり、その内に二四九×四四九の枠がある。この枠内の端から二四九×三八が（1）である。以下奥に向けて記す。次に二四九×一八、二四九×一八、二四九×一九の三枠を、上から四二、四一、四〇、四二、四四に六分割したのが（2）で、一区画毎に日を入れている。

その左の二四九×二〇が（3）、ついで二四九×三四が（4）である。二四九×二一を天から五五、四九、四七、四八、五〇に分割して正月から五月を記し、その左の二四九×二三を天から五五、三八、三七、三七、三九、四三に分割して六月から十二月を記しているのが（5）である。

ついで二四九×一八が（6）、二四九×一八が（7）であり、二四六×一九が（8）である。この天地が二四九から二四六になっているのが摺方のためか、版木自体かは不明である。そして二四六×四二を天から八四が（9）、ついで八〇が（10）、八二が（11）である。その奥の二四六×三九を天から同分割で（12）（13）（14）があり、二四六×四六が（15）、最後に二四八×七一が（16）である。

三二七、三二八は鈴木一正氏のご教示により購入した。

目次

三一四　三島宿定飛脚問屋世古六太夫請取書
三一五　岡崎定飛脚樋口與次右衛門請取書
三一六　敦賀飛脚□□□(読不明)兵衛請取書
三一七　橘屋喜三郎符箋
三一八　る(筆写)店走り請取書
三一九　西京水陸物貨運輸所請取書
三井文庫所蔵文書
三二〇　京飛脚年中定　文久四年
早稲田大学図書館所蔵「滝沢家訪問往来人名簿」
三二一　定飛脚問屋仲間口上　丑六月
三二二　定飛脚問屋六軒仲間上方筋早便並便飛脚定日
文化三丙寅年四月
平塚小誌
三二三　東海道平塚宿平田惣兵衛請取書
福島市金子一郎所蔵文書
三二四　福島上町定飛脚京屋請取書
福島県歴史資料館寄託岩代国信夫郡瀬上宿近江屋内池家文書
三二五　紀州若山毎日飛脚所
三二六　福島上町京屋請取書
東京都藤村所蔵文書
三二七　宮駅定飛脚問屋、名古屋同出店口上
三二八　大坂津国屋、江戸嶋屋江戸三度定飛脚出日
(国文学研究資料館所蔵甲斐国山梨郡下井尻村依田家文書)
再改二五九　内国通運会社山梨県下村井弥兵衛請取書

右封印之侭、量目立会検査済之上、正ニ相預り、無相違相達可申候也

内国通運会社
山梨県下
村井弥兵衛
印(朱印)(山梨県下／通運会社／山田町)

(大阪商業大学商業史博物館所蔵河内国若江郡御厨村加藤家文書)
三〇〇　大坂近江屋喜平治江戸飛脚出日定
(1)
江戸飛脚出日定
(2)
朔日　二日　四日　五日　七日　八日　十一日　十二日
十四日　十五日　十七日　十八日　廿一日　廿二日　廿四日　廿五日　廿七日　廿八日

(3)

休日定

毎月三六九□(破損)ノ日休

正月元日　二日　「十五日」(墨書)

三月二日

五月四日　五日

六月十七日　廿二日　廿五日　廿八日

七月十四日　十五日　但シ盆前十二日夕限ニ而休ミ

八月朔日

九月八日

十二月廿七日　□(破損)　但シ□(破損)廿五日限ニ而休ミ

大坂上町□(破損)や町弐丁目

近江屋喜平治

(4)

(大阪商業大学商業史博物館所蔵商業資料)

三〇一　大阪諸国陸運元会社、堺、大津、岸和田、信達、山口、若山諸国陸運会社従大阪至若山物貨逓送賃銭表

(1)

従大阪
至若山　物貨逓送賃銭表

(2)

(A)急便　(B)掛目百目迄　(C)同 百目以上 三百目迄

(D)同 三百目以上 五百目迄　(E)同 五百目以上 壱〆目迄 余ハ左之割合

(A)従大阪 至堺　(B)八厘　(C)一銭二厘

(D)一銭五厘　(E)二銭

(A)従堺 至岸和田　(B)一銭　(C)一銭四厘

(D)一銭七厘　(E)二銭二厘

(A)従岸和田 至信達　(B)一銭　(C)一銭四厘

(D)一銭七厘　(E)二銭二厘

(A)従信達 至若山　(B)二銭　(C)二銭八厘

(D)三銭四厘　(E)四銭四厘

(3)

(F)並便　(G)掛目百目迄　(H)同 百目以上 三百目迄

(I) 同 三〆目以上 五百目 迄　(J) 同 五百目以上 一〆目 迄　(K) 同 一〆目以上 三〆目 迄
(L) 同 三〆目以上 五〆目 迄　(M) 同 五〆目以上 一〆目ニ付

(F) 従大坂 至 堺　(G) 六 厘　(H) 九 厘　(I) 一 戔
(J) 一戔三厘　(K) 一〆目ニ付 九厘替　(L) 同 八厘替　(M) 同 七厘替

(F) 従 堺 至岸和田　(G) 九 厘　(H) 一戔三厘　(I) 一戔六厘
(J) 一戔八厘　(K) 同 一戔五厘替　(L) 同 一戔四厘替
(M) 同 八厘替

(F) 従岸和田 至 信 達　(G) 九 厘　(H) 一戔三厘　(I) 一戔六厘
(J) 一戔八厘　(K) 同 一戔五厘替　(L) 同 一戔四厘替
(M) 同 九厘替

(F) 従信達 至若山　(G) 一戔八厘　(H) 二戔六厘　(I) 三戔二厘
(J) 三戔六厘　(K) 同 三戔替　(L) 同 二戔八厘替
(M) 同 二戔六厘替

(4)
定　便　右並便賃銭二割増ヲ以請負可申事

(5)
諸便通貨逓送賃戔之儀ハ、各地一般賃銭表里程准シ請負可申事

(6)
歩行荷物　人足壱人一里ニ付三銭五厘替
賃　銭　但シ目方七〆目迄、其余過目一〆目ニ付五厘替
通常夜ニ入候ヘバ、午後六時ゟ午前二時迄五割増

(7)
尤モ十人以上之節ハ、前以御沙汰可被下候事

(8)
従大阪至若山別仕立賃銭

(9)
六　字間限　時廻シ 三時事　金壱円三十五戔　但三百目限
八　字間限　〃 四時事　金壱円十　五戔　但三百目限
十　字間限　〃 五時事　八　十　五　戔　但五百目限
十二字間限　〃 六時事　八　十　戔　但五百目限

(10)
一途中行ハ右賃銭割合之事
(11)
一別仕立之義ハ、何時ニ而モ差立申候、尤十字間、十二字
　間限之分、過目有之品ハ、二箇ニ御造リ揚可被下候事
(12)
右若山大阪両町請取時刻午後四時限、其後之ハ次便へ相廻
シ候事
但、道中筋之儀ハ、往復刻限ニ准シ、御受負申上候
(13)
其他出張会社并ニ取扱所、各地へ相設置候間、最寄同社中
へ御差出之程希上候也
(14)
大　阪　内平野町二丁目　諸国陸運元会社
　　　　本町三丁目　　同出張所
堺　　　　　　　　　　諸国陸運会社
大　津　　　　　　　同
岸和田　　　　　　　同
信　達　　　　　　　同
山　口　　　　　　　同
若　山　　　　　　　同

(京都新報)
三〇二　京都飛脚賃定価　銅版
(1)
東京飛脚賃定価
　書状一通ニ付　代銭二百文
　荷物壱〆目ニ付　代金二歩三朱
　金壱両ニ付　代銭八拾文
　飛脚所 [redacted] (彫り残し)
尾州名古屋飛脚同
　書状一通ニ付　代銭百　文
　荷物壱〆目ニ付　同壱貫五百文
同 [redacted] (彫り残し)
越前飛脚同
　書状一通ニ付　代銭二百文
　荷物壱〆目ニ付　同壱貫三百文
同　御幸町通三条上ル町
若州飛脚同
　書状一通ニ付　代銭百三拾六文
　荷物壱〆目ニ付　同壱貫三百文
同 [redacted] (彫り残し)
勢州飛脚同
　書状一通ニ付　代銭百　文

荷物壱〆目ニ付　同壱貫三百文
同　柳馬場通六角下ル町
但馬出石飛脚同
書状一通ニ付　代銭百七拾二文
荷物壱〆目ニ付　同金札ニ而
拾二匁廻シ
同　室町通四条上ル町
因州鳥取飛脚同
書状一通ニ付　代銭二百文
荷物一〆目ニ付　同三貫文
同　麸屋町通四条上ル町

(2)

丹後宮津飛脚賃定価
書状一通ニ付　代銭二百文
荷物壱〆目ニ付　同壱貫七百文
飛脚所　室町通四条下ル町
丹波園部飛脚同
書状一通ニ付　代銭百文
荷物壱〆目ニ付　同六百文
同　松原通堀川東入町
江州長浜飛脚同
書状一通ニ付　代銭百文
荷物壱〆目ニ付　同七百五拾文
同　柳馬場通六角下ル町
西江州大溝飛脚同
書状一通ニ付　代銭百文
荷物壱〆目ニ付　同六百文
同　柳馬場通六角下ル町
和州奈良飛脚同
書状一通ニ付　代銭百文
荷物壱〆目ニ付　同五百文
同
大坂飛脚同
書状一通ニ付　代銭百文
荷物壱〆目ニ付　同三百五拾文
金百両ニ付　同壱貫六百文
同
泉州　堺　住吉　勝間　西宮　飛脚同
書状一通ニ付　代銭百七拾二文
荷物壱〆目ニ付　同壱貫文
同　四条通東洞院西入町

(3)
灘　神戸　兵庫
泉州　貝塚　岸和田　佐野　飛脚賃定価
尼ヶ嵜　泉刕路
書状一通ニ付　代銭二百文
荷物壱〆目ニ付　同壱貫六百文
飛脚所　大坂定飛脚
明石　須磨　赤穂　青山
播州　市場　北条　高砂　大倉谷　同
明石郡　加西加東郡
書状一通ニ付　代銭二百四拾八文
荷物壱〆目ニ付　同　壱貫八百文
同　右同所
奥播刕　竜野
同　同
姫路　網干　三木
書状一通ニ付　代銭三百文
荷物壱〆目ニ付　同壱貫九百五拾文
同　右同所
岡山　片山　倫加
備前　同
西大寺　牛窓
書状一通ニ付　代銭三百七拾二文
荷物壱〆目ニ付　同弐貫百文

同　右同所
板倉　江原　矢掛
備中　同
庭瀬　倉舗　笠岡
書状一通ニ付　代銭四百七拾二文
荷物壱〆目ニ付　同弐貫四百文
同　右同所
備後尾ノ道同
書状一通ニ付　代銭五百七拾二文
荷物壱〆目ニ付　同弐貫六百五拾文
同　四条通東洞院西入町

(4)
芸州路飛脚賃定価
書状一通ニ付　代銭六百四拾八文
荷物壱〆目ニ付　同　三貫二百文
飛脚所　右同所
予州路松山迄飛脚同
書状一通ニ付　代銭壱貫百文
荷物壱〆目ニ付　同三貫九百文
同　右同所
長州防州飛脚同
書状一通ニ付　代金弐朱
同　右同所

摂州　伊丹　池田　富田
　　茨木　吹田　深江　同
　　書状一通ニ付　代銭二百廿四文
　　荷物壱〆目ニ付　同　壱貫百　文
　　同　　右　同　所
同有馬飛脚同
　　書状一通ニ付　代銭三百四拾八文
　　荷物壱〆目ニ付　同　壱貫五百文
　　同　　右　同　所
河州　八尾　久宝寺　平野飛脚同
　　書状一通ニ付　代銭二百廿四文
　　荷物壱〆目ニ付　同　壱貫三百文
　　同　　右　同　所
紀州　若山　鷺ノ森飛脚同
　　書状一通ニ付　代銭二百文
　　荷物壱〆目ニ付　同壱貫二百文
　　同　　右　同　所

(5)

紀州　黒江　有田
　　湯浅　藤代　飛脚定価
　　書状一通ニ付　代銭二百四拾八文
　　荷物壱〆目ニ付　同　弐　貫　文
　　飛脚所　右　同　所
同日高川迄
　　書状一通ニ付　代銭二百七拾二文
　　荷物壱〆目ニ付　同　三　貫　二　百　文
同田辺迄
　　書状一通ニ付　代銭三百五拾文
　　荷物壱〆目ニ付　同　三貫二百文
　　同　　右　同　所

伏見宿江荷物壱駄賃定価
　　牛馬車力トモ　代銭　三貫二百文ヨリ
　　　　　　　　　　　　二貫八百文
大津宿江同
　　牛馬車力トモ　代銭　三貫二百文ヨリ
　　　　　　　　　　　　二貫八百文
運送所　烏丸通姉小路下ル町

牛車運送賃定価
　　大津ヨリ
　　　二条御蔵迄
　　　三石六斗積　賃米壱斗三升

高瀬川筋
四条ヨリ松原マデ　米五石積
二条御蔵江　代銭二貫五百文
伏見ヨリ　米五石積或ハ
二条御蔵江　駄荷四駄賃
代銭七貫二百文
運送所　河原町三条下ル北車屋町

（三井文庫所蔵三井高陽文庫）

三〇三　和州飛脚休日書

和州飛脚休日書
正月元日ゟ四日迄　十四日ゟ十六日迄
三月二日ゟ　四日迄
五月六日　七日
六月十三日ゟ　十（破損）迄
七月朔日　二日
九月八日ゟ　十日迄　十三日　十四日
十一月廿六日ゟ　廿八日迄
十二月小ノ月廿七日限　大ノ月廿八日限
右之通御座候已上
越後屋七郎右衛門

（三井記念美術館所蔵三井高陽コレクション飛脚関係資料）

三〇四　江戸定飛脚仲間乍憚口上

乍憚口上
一御上洛ニ付、来ル十七日ゟ追而御案内申上候迄、飛脚馬荷差立方相休申候、此段御断奉申上候
但江戸道中共正六日限便之儀者、二五八ノ日暮六ッ時限差立申候、猶又別御仕立之儀者、何時ニ而も御請負可仕候、尤金銀者御請負不仕候
江戸定飛脚
仲　間
印（江戸／定飛脚仲間／三度）

三〇五　日本橋室町定飛脚問屋京屋請取書

右之通慥ニ請取、無相違御届ヶ可申候、但シ御吟味物三ヶ年限リ御座候、以上
日本橋室町弐丁目定飛脚問屋
京屋弥兵衛
印（金銀／京屋／室弐丁目）

三〇六　大和屋、中筋屋請取書

覚

右封印之侭慥ニ請取、無滞相届可申候、以上

大和屋林　蔵
中筋屋藤之介

三〇七　定飛脚所嶋屋請取書

右之通御封印侭慥ニ請取、無相違御届可申候、尤御調三ケ年限仕候、以上

定飛脚所
嶋屋佐右衛門
印（組／手板／中）

三〇八　武州川越定飛脚会所近江屋請取書

右之通慥ニ請取、無相違御届可申候、以上

武州川越南町定飛脚会所
近江屋半右衛門
印（(川)武州川越／定飛脚会所／南町）

三〇九　武州川越定飛脚所井上□（読不明）之進請取書

覚

右之通慥ニ請取、無相違御届ケ申候、以上

武州川越定飛脚所
井上□（読不明）之進
印（武州川越／(川)定飛脚会所／南町）

三一〇　三島宿定飛脚取次所間宮清左衛門、新四郎請取書

覚

掛目

右之通御封印之侭慥ニ請取、着早〻無相違御届ケ可申上候、為後日手形依而如件

三嶋宿定飛脚取次所
間宮清左衛門
清四郎
印（豆州／◇上／□（読不明）屋／三嶋）

三一一　三島宿定飛脚取次所間宮新四郎請取書

覚

右之通慥ニ請取、無相違御届可申上候、為後日依而如件

三嶋宿定飛脚取次所

間宮新四郎

印（「豆州／◇上（読不明）□屋／三嶋」）

三一二　三島宿早飛脚所平田屋平右衛門請取書

覚

右之通慥ニ請取着早々無相違急度相届ヶ可申候、為後日手形仍而如件

三島宿早飛脚所

平田屋平右衛門

印（「豆劦／平　草萱／三嶋」）

三一三　三島宿早飛脚所平田屋平右衛門請取書

右之通慥ニ請取、着早々無相違急度相届ヶ可申候、為後日手形仍而如件

三島宿早飛脚所

平田屋平右衛門

印（「豆劦／平　草萱／三嶋」）

三一四　三島宿定飛脚問屋世古六太夫請取書

覚

右之通御封印之侭慥ニ請取、着早々無相違御届ヶ可申上候、為後日手形依而如件

豆州三嶋宿

定飛脚問屋

世古六太夫

印（「□（読不明）世古」）

三一五　岡崎定飛脚樋口與次右衛門請取書

覚

右之通御封印之侭慥ニ請取、則無相違御届ヶ可申候、以上

岡崎伝馬町

定飛脚

樋口與次右衛門

印（三州岡崎伝馬町／定飛脚問屋／樋口与次右衛門）

三一六　敦賀飛脚□□□（読不明）兵衛請取書

覚

右（空白）通慥ニ請取、早速相届可申候
印（敦賀［　　］（不明）／飛脚□□□（読不明）兵衛）

三一七　橘屋喜三郎符箋

御返之義は何卒よし町橘屋喜三郎方江御願申上候
月　日　　┐カ　橘屋

三一八　（筆写）る⃝店走り請取書

（筆写）る⃝
店走り　請取
入用

三一九　西京水陸物貨運輸所請取書

（1）
取調物／六ヶ月限り
（2）
証
（3）
信書封入／無之契約
（4）
一
（5）
届先
（6）
運賃金
（7）
右之通封印改済之上、正ニ請取宛名方江無相違相達可申候也
明治　年　　西京三条高倉角
月　日　　水陸物貨運輸所
（8）
（空白）
朱印（京三條高／倉角水陸／運輸所荷／物店受取）

（三井文庫所蔵文書）

三二〇　京飛脚年中定　文久四年

（1・枠外）
文久四甲子年
（2・以下枠内）
「大⃝（朱）」　年
京飛脚中
小⃝　定
（3）
大阪南江戸堀壱丁目

京　屋清右衛門

京三条柳馬場角
出店　明石屋清　五　郎

(4)

正　月　元日　二日　三日　十日
十四日　十五日　十六日　休

二　月　休日なし

「三」(朱)月朔日　二日　三日　休

四　月　休日なし

「五」(朱)月三日　四日　五日　休

六　月　六日　十三日　十七日　廿二日
廿五日　卅日　小ノ月ハ廿九日

十一日限り十三日十四日十五日十六日休

「七」(朱)月

十二日ハ　金銀手形入御状仲間組合せ
正八ツ時限リ別仕立差立申候

「八」(朱)月　休日なし

「九」(朱)月七日　八日　九日　休

十　月　晦日休
小ノ月ハ廿九日

「十一」(朱)月　休日なし

廿七日限リ　小ノ月廿六日　廿九日卅日休　小ノ月ハ廿八日廿九日

十二月

廿八日ハ　金銀手形入御状仲間組合せ
小ノ月ハ廿七日　正八ツ時限リ別仕立差立申候

(5)

東国筋
西国筋　飛脚出所
北国筋

(6)

江戸 并ニ東海道筋
三　六　九　十ノ日　休

加賀并 越中 三 八
能登 小ノ月廿七日
福井 丸岡十日
越前
三国 府中卅日
廿日 敦賀三八
若狭 小浜
北方 熊川 毎日
大津 八幡 長浜 八日市
近江中郡 高島郡 毎日
日野 二七 彦根 二五八
美濃 大垣 一六
岐阜 竹ヶ鼻 五 十
伊勢 津 松阪 山田 三六九十休
白子 神戸 四日市 桑名
尾張 名古屋 半日
犬山 三八
尼ヶ崎 灘目 兵庫 有馬
摂津 住吉 平野 池田 伊丹
冨田 茨木 高槻 三田
并川西往来筋
河内 八尾 久宝寺 并南河内
守口 枚方 京往来筋

和泉 堺 貝塚 岸和田
佐野 岡田
大和 南部 郡山 初瀬
并 国中 川つら
紀伊 若山 湯浅 日高
田辺 高野山 粉川
明石 姫路 高砂 室
播磨三木 赤穂 竜野
并 中国往来筋
丹波 亀山 福智山
笹山 園部
丹後 宮津
田辺 一日狭

(7)

仕立時限、飛脚何時ニても差出し申候、生魚類ハ三月ゟ五月迄ハ昼八ツ時迄ニ御持参可被下候、別段早飛脚差立候、尚又金銀并ニ手形入乍憚私シ店方迄御持参可被下候様奉願可候、八ツ時迄ニ御使被下候ハヽ、別段受取差出し可申候

但し 先払一切御断奉申上候

（早稲田大学図書館所蔵「滝沢家訪問往来人名簿」）

三二一　定飛脚問屋仲間口上

一　東海道筋駄賃銭引続弐割増、尚又駅々割増被　仰付、当時凡五割増ニ相成候ニ付、是迄飛脚賃一割増之処、猶又壱割増、都合定賃之外弐割増申請候間、此段御承知可被下候、以上

丑六月

定飛脚問屋
仲間

三二二　定飛脚問屋六軒仲間上方筋早便並便飛脚定日

上方筋早便並便飛脚定日

毎月
朔　日　二　日　四　日　六　日　八　日　九　日
十一日　十二日　十四日　十六日　十八日　十九日
廿一日　廿二日　廿四日　廿六日　廿八日　廿九日

正月者二日ゟ差立十六日相休十七日早便並便共差立申候

五月者是迄六日相休七日ニ差立候処、以来六日ニ早便並便共差立申候

七月者十二日早便斗リ差立十六日相休、十七日早便並便共差立申候

上方筋盆前着之並便者六月廿九日出限ニ御座候

但　九月者九日相休、十日早便並便共差立申候

十二月者並便廿四日ニ相休、上方筋年内着之並便者十六日出限リ、早便之儀は小ノ月廿八日出限ニ差立、尤毎月三五七十ノ日休日之定ニ御座候得共、御用多之筋者、臨時ニ差立候儀茂御座候

右之通ニ御座候、以上

文化三丙寅年四月

定飛脚問屋
六軒仲間

（平塚小誌）

三二三　東海道平塚宿平田惣兵衛請取書

右之通慥ニ請取申所実正也、御名宛之方江無相違御届ヶ可申上候、万一於道中如何様之儀御座候共、少茂御損毛相掛申間敷候、為後日仍而如件

東海道平塚宿
平田惣兵衛

（福島市金子一郎所蔵文書）

三二四　福島上町定飛脚京屋請取書

覚

右之通慥ニ請取申所実正也、則無相違御届可申上候、若於道中故障之儀候共、少茂御損難相懸ヶ申間敷候、為其仍而如

件

福嶋上町定飛脚
　　京屋弥兵衛
（印「奥福嶋／京 定飛脚／州京屋」）

（福島県歴史資料館寄託岩代国信夫郡瀬上宿近江屋内池家文書）

三二五　紀州若山毎日飛脚所

　　大坂心斎橋筋淡路町
泉州堺岸和田貝塚佐野岡田尼崎　桔梗屋茂　平　治
　　若山本町四丁目
紀州若山毎日飛脚所　桔梗屋茂　兵　衛
　　京都柳馬場三条下ル所
　　桔梗屋武右衛門
黒江日方有田湯浅日高田辺
　并ニ江州勢州飛脚出所其外道中筋宿ニ相届可申候

三二六　福島上町京屋請取書

右之通慥ニ請取、無相違御届ケ可申上候、但し届ケ方御吟味三ケ年限ニ御座候、以上
　　福嶌上町
　　京屋弥兵衛
（印「京／奥福嶋／定飛脚／州京弥」）

（東京都藤村所蔵文書）

三二七　宮駅定飛脚問屋、名古屋同出店口上

口上

一定飛脚十八斎早便之儀、近来道中筋人馬継立悪敷延着御差支相成候条、右早便之儀ハ是迄之通差立、今般別段仕立便正六日便差立可申候間、左之日割ニ御用伺被仰付可被下候様奉願上候

仕立便正六日限出日定

江戸表江　一　五　八ノ日　毎月九斎
　御状壱通ニ付賃銀五匁
　但シ、掛目拾目迄、其余拾目ニ付弐匁ツ、、
　　割を以増賃申受候、尤大封五拾目限

京都
大坂江　三　六　十ノ日　毎月九斎
　御状壱通ニ付賃銀三匁
　但シ、掛目拾目迄、其余拾目ニ付壱匁五分
ツ、割を以増賃申受候、尤大封五拾目

限

右当日昼四ツ時迄ニ御差出シ可被下候、尤川支等ニ而延着
之儀ハ、宜御断申上候、以上

　　　　　　　　　　　　　　宮駅
　申　　　　　　　　　　　　　定飛脚問屋
　七月　　　　　　　　　　　名古屋
　　　　　　　　　　　　　　　同出店

三二八　大坂津国屋、江戸嶋屋江戸三度定飛脚出日

(1)
江戸三度定飛脚出日
(2)
朔日　二日　四日　五日　七日　八日　十一
日　十二日　十四日　十五日　十七日　十八日　廿一日
廿二日　廿四日　廿五日　廿七日　廿八日
(3)
正六日限便之義ハ右出日之内二五八ノ日差立申候
(4)
右之通東海道筋飛脚差立申候、尤も其月より例年左之通休
日御座候間、御断奉申上候
(5)
正月　朔日　二日　十五日　廿五日　二月　初午　三月　二日　四日
四月　十七日　五月　四日　五日　六月　朔日　十七日　廿二日　廿五日　廿八日
七月　七日　十四日　十五日　八月　朔日　九月　八日
十一月　朔日　十二月　廿七日　廿八日
(6)
但シ休日ニ而も御用多之節ハ、臨時飛脚差立方仕候
(7)
御仕立御用向之義ハ、昼夜ニ不限即刻差立方仕候
(8)
従江戸店諸方飛脚差立之定日
(9)
日光道中
下野出羽　一五八ノ日
奥州一円
(10)
常州土浦

水戸岩城　二八ノ日
相馬仙台迄
⑾
仲山道
武州路　一四
上野一円　六九ノ日
⑿
奥州会津通
越後水原迄　三ノ日
⒀
三　国　通
越後三条迄　七ノ日
⒁
信州上田松本
松代善光寺迄　八ノ日
越後高田柏崎新潟迄
⒂
奥州海道　仙　台　一ノ関　津軽弘前
南部盛岡　野辺地　青森湊　三馬屋湊　四九ノ日
松前福山　江　差　箱　館　并右最寄在〻共
⒃
大坂内平野町大沢丁

仐　定飛脚問屋

津国屋十右衛門
江戸日本橋瀬戸物丁
嶋　屋佐右衛門

史料紹介

戦前日本における自動車旅行の記録
―三井高公と自動車仲間の旅行―

下向井　紀彦

はじめに

三井の総領家である三井北家の一一代・三井高公《たかきみ》[1]（一八九五〜一九九二）は無類の自動車愛好家として知られている。『三井家文化人名録』（以下、文化人名録）の高公の解説では趣味として自動車を立項しており、大正半ばには免許を取得していること、京都大学在学中にはオートバイに乗っていたこと、高公自ら「暴走族のはしりですかね」と笑いながら語っていたこと、常時五〜一二・三台があったこと、昭和五年から十一年にかけて松平康邦（妻鋹子の兄）・伊達十郎（南三井家縁戚）・石橋勝浪（飛行士）・榊邦彦ら自動車仲間と日本各地を自動車旅行し、旅行の記録を残して印刷していることなどに触れている[2]。

高公と自動車仲間らは夏休みを利用して自動車旅行を行っていた。この自動車旅行ごとに作られた旅行記録の冊子が本稿で紹介する史料である。この冊子は筆者の勤務する三井文庫でも所蔵しており、将来的な公開にむけて目下整備を進めているところである。

高公の自動車旅行と記録冊子の存在はある程度知られていると思われる。たとえば、一九五〇年代に浜徳太郎が高公に行った聞き取り記録「自動車今昔縦横談」では、高公自身が旅行と冊子について述べている[3]。小林彰太郎も高公の所有車や自動車旅行について触れ、「紀州半島周遊自動車旅行」（後述）を事例に使用車両や同行者を概説している[4]。また、それぞれの冊子の序文には「Copy を御手許へ御送り申し上げます」などと記しており、自動車愛好家仲間などへの配布を意識している。実際、『道路の改良』という雑誌に、高公の名前で「東海道自動車旅行記録」と「本州北部自動車旅行記録」が掲載されている[5]。これは田中という人物が高公の許諾を得て転載したものであり、旅行記録が関係者に頒布されていたことをうかがわせるものである。本稿では高公らの夏休みの自動車旅行記録を取り上げるため、「東海道自動車旅行記録」（史料の原表題は「東京京都往復自動車旅行記録」）[6]の紹介は割愛するが、高公は様々な自動車仲間と多くの自動車旅行を行っており、自動車旅行記録も複数残していたのである。

以上のように、自動車旅行の冊子の存在については一部の人々の間で認識されているのだが、その内容についてはまだほとんど知られていないように思われる。そこで本稿では、三井文庫の所蔵している自動車旅行記録の冊子を取りあげ、その概要について触れてみたい。

一　旅行の準備について

まず、全七回に及ぶ高公らの夏休みの自動車旅行全体を概観する。彼らは昭和五年（一九三〇）に本州北部、同六年に紀伊半島周遊、同七年に中国地方、同八年に群馬・長野・静岡でのキャンプ、同九年に信越羽、同十年に北陸、

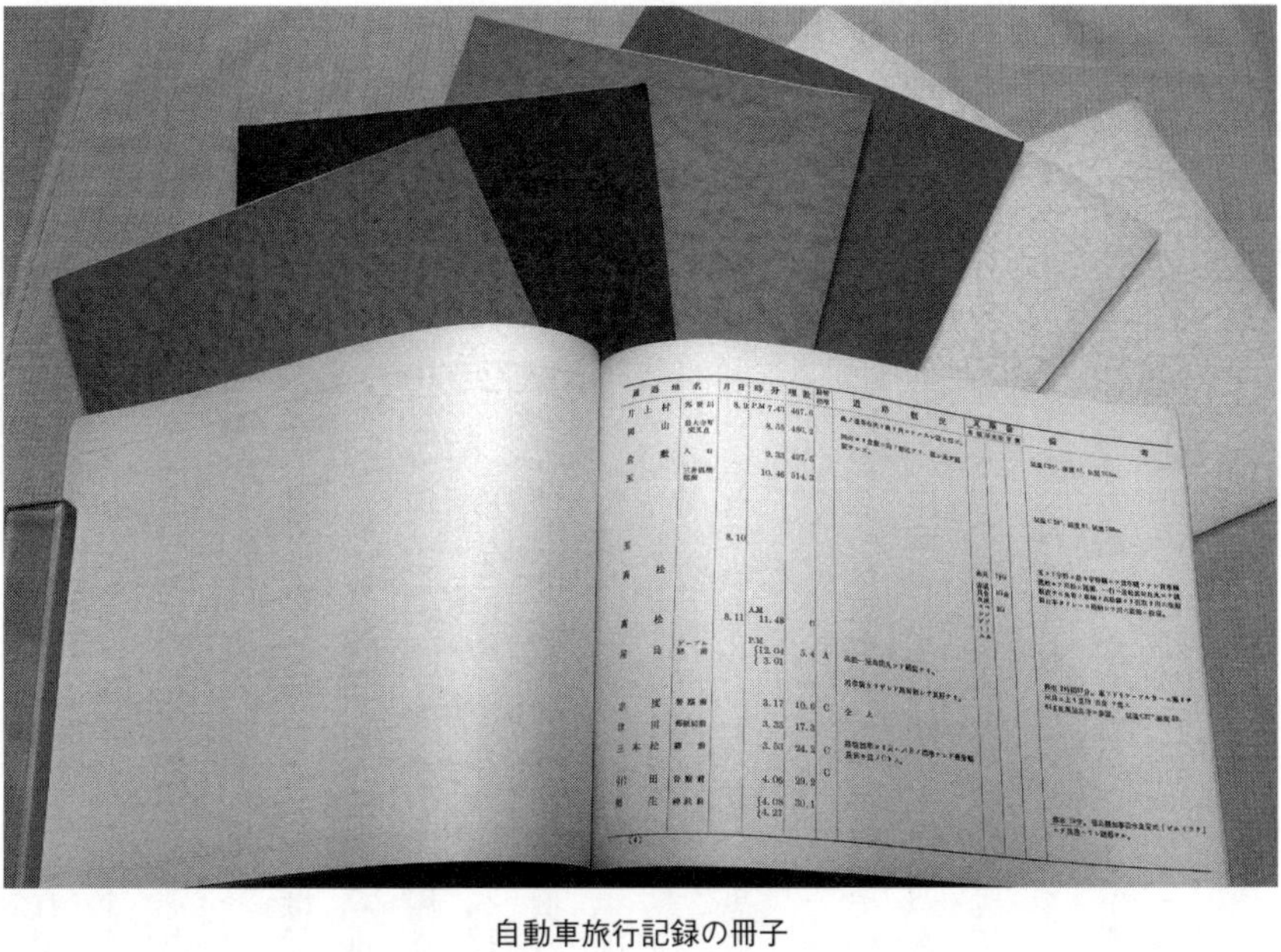

自動車旅行記録の冊子

同十一年に四国一周の旅行をしている。昭和八年には軽井沢方面にも二回ドライブしている。ガソリン統制が始まったため夏休みの自動車旅行は昭和十二年以降取りやめになった。(7)同行者の条件は運転免許を持っていて、写真機を持っていることだったようだ。(8)

旅行の準備方法について少し触れておこう。高公らは自動車旅行に出る前に自分たちで綿密な計画を立てていたらしい。(9)八月の旅行に向けて、四月から六月頃に行き先を決め、行き先が決まると五万分の一の地図を購入して距離を計測し、宿泊地を決定する。六月末になるとコース上にある郵便局に、郵便局と郵便局の間の道路状況、バスの運行の有無、ハイヤーが通れるかなどを往復はがきで問い合わせる。七月中頃には大部分の局から返事がきて、予定ルート上の状況をおおむね把握する。(10)そして、「交通公社」に宿について問い合わせ、車庫の有無や車庫が無い場合の駐車場所の所在について確認する。これらを踏まえて予定表を作成し、走行距離、所要時間、平均時速、路情概況をあらかじめ設定してから旅行に望んでいる。現実には道路工事、予想以上の悪路、車両故障などのトラブルで予定通りに進まないこともあった。そのため旅行記録の巻末に「予定ト実際」という比較表を掲載する場合もあった。高公らは綿密に準備した上で自動車旅行を敢行していた。三井系企業などがお膳立てした旅行ではなかったのである。(11)

燃料の確保も事前準備の一環といえるためここで触れておく。高公は「浜松の外れの油屋にガソリンとベンゾールを送りつけておき、そこを通る時には何時でも起してそれを補充したものです」(12)と述べている。利用頻度の高かったであろう東海道には、少なくとも浜松に補給地点を設けていたのである。後述する四国一周旅行記録でも、往路で「浜松の、東海道通過の際は必ず此家で燃料を補充する油屋さんへ着いたのが十時。そろそろ戸を閉めかけたところへ打止めの御客、各車十ガロン程を補給」(13)、復路で「浜松の例の油屋さんでガソリン十ガロンを補充」とあり、浜松の「油屋さん」を利用している。補給地点をあらかじめ定めておき、場合によっては燃料を事前に手配していたものと思われる。

以上のような準備をして高公らは自動車旅行を行っていた。以下、自動車旅行ごとに作成された記録冊子に基づき、使用車・同行者・行程等を確認しつつ、冊子の内容構成についてみてみたい。(14)なお、冊子はいずれも横二七センチ、縦一九・五センチほどの印刷物である。次章各節のタイトル、使用車両、走行距離・時間等については旅行記録からそのまま引用している。

二　自動車旅行記録の紹介

1　本州北部自動車旅行記録

昭和五年八月十一日から八月二十三日の約二週間にわたる東北地方の自動車旅行である。使用車両は"Morris Oxford Four (1928Model 4-5 Seater Touring Car)" 一台である。同行者は松平康昌（康邦の兄）・松平康邦・三井高公・吉田英一の四名。このうち松平康昌は浅虫からの同乗であった。行程は、東京─飯坂─松島─花巻─三本木─十和田─浅虫─能代─酒田─勝木─新潟─東山─東京である。総走行距離は一〇六〇・六マイル[15]、所要時間は九四時間一一分、停止時間（食事・休憩・手入・撮影）を除いた正味走行時間は七一時間二四分、平均時速は一四マイル余、ガソリン消費量は六六ガロンで、一ガロンあたりの走行距離は一六マイル余であったという。

旅行記録は一六枚からなり、高公が簡単な序文を記し、道路概況を記した表（通過地点、月日、時分、累積距離、補充ガソリンの種類・補充量・単価、道路概況、路情標準点、備考を記載）、日ごとの走行距離・所要時間などの集計表、予定と実際の比較表と続く（前頁の写真は道路概況表の一部）。

道路概況には、路面状況などが記載されている。たとえば草加では「草加町外レヨリ路面一面ニ『穴ぼこ』アリ」といった状況を記している。路情標準点とは道路状況を比較するための一〇点満点の採点であり「一・二・三・四・五ハ走行困難ナル不良道、六・七ハ普通ニ走行シ得ル道、八・九・一〇ハ快走シ得る良道」であった。例えば東京─上野─千住までは一〇点だが、千住─荒川橋─草加で六点、草加─越ヶ谷は四点となっている。

2　紀州半島周遊自動車旅行記録

昭和六年八月八日から二十三日まで約二週間かけて紀伊半島を一周した自動車旅行である。使用車両は"159.H.P.《(15.9 カ)》 Morris Oxford Four (1928Model 4-5 Seater Saloon Car)"、同行者は前年と同じ松平康昌・松平康邦・三井高公・吉田英一の四名である。松平康昌は二見浦から京都までの参加であった。なお野澤三喜三（自動車製造・販売等を手がける）・石橋勝浪が"ASTON-MARTIN"で東京から軽井沢まで同行している。行程は、東京─木曽福島─犬山─二見─尾鷲─新宮─勝浦─串本─新和歌浦─京都─弁天島─東京である。総走行距離は一一九八・二マイル、所要時間は一三一時間五四分、平均時速は九マイル余、停止時間を引いた正味走行時間は八六時間四分、走行平均時速は一三マイル余、ガソリン消費量は九九ガロン、一ガロンあたりの走行距離は一二マイル余であった。

　旅行記録は全二四枚。この旅行から冒頭に全行程の地図が添付されるようになる。道路概況表では路状標準の採点方法が変わり、一〇点満点からA（快走シ得ル良道）・B（普通ニ走行シ得ル道）・C（走行困難ナル不良道）・D（極メテ困難ナル悪路）の四段階評価となっている。また、「コースニ就テ」という文章も記し、紀州半島は風光明媚だが路面状態が悪く幅員も狭いため快走困難であるとか、見物を目的にするなら「捨テタモノデモ無イ」と述べている。

　この自動車旅行記録の大きな特徴は「使用車両ニ就テ」という車両の居住性評価を付している点である。前年の本州北部もこの年の紀伊半島周遊も1928Modelのモーリス・オックスフォードを用いているのだが、前年は屋根が幌の'Touring Car'、本年は屋根付き（箱型）のSaloon Carで別車両である[16]。高公はこの二種類の仕様の比較を行い、箱は「日光ノ直射ヨリ運転台ニ感ズル暑サ少ナシ」、幌は「箱ニ比シテ暑シ」など、それぞれの長所短所を述べた上で、国内旅行には「箱型ノ方ガ便利デアル事ヲ痛切ニ感ジマシタ」「箱ガ遙カニ優ルト思ヒマス」と評価している。屋根の形状の異なる二種類の車を乗り比べることができるのは全国で高公だけかもしれないが、使用者の率直な感想が述べられていて興味深い。

3　中国地方自動車旅行

　昭和七年八月七日から二十一日の二週間にわたる記録である。使用車両は“Morris Oxford（1930Model 5-Seater Fabric Saloon）”。同じモーリス・オックスフォードだが過去二回とは全く別の車両である。同行者は松平康邦・榊邦彦・三井高公の三名である。行程は東京―京都―宮津―城ノ崎―玉造―浜田―萩―湯田―宮島―岡山―京都―犬山―上諏訪―東京である。総走行距離は一七九一マイル、所要時間は一三四時間一一分で全旅行中最長である。平均時速は一三マイル余と算出している。停車時間を除いた正味走行時間は一〇九時間一二分、走行平均時速は一五マイル余である。ガソリン消費量は一四六ガロン、一ガロン当たり一二マイル余の走行であった。

　記録は三四枚で全記録中最多である。道路概況表の評価基準はAアスファルト舗装道路、B快走し得る両道、C普通に走行しえる道、D走行困難な悪路に変わり、舗装道路の様子がわかるようになった。例えば大津―京都間はAで「大津ヨリノ『DRIVE WAY』ハ舗装道路。快走ニ適ス。」と記録されている。

　この記録には「山陰、山陽ノ旅ヲ終リテ」という松平康邦の文章がある。彼は自動車旅行の大変さを語る。特に、運転から修繕まで全て自分たちで行う必要があり、夜間運転・長時間運転・悪路の運転の連続であり、体力・根気・注意が欠かせないと述べる。また、有事の際の自動車輸送の必要性を説き、狭隘・不整地・屈折の多い国内の道路に警鐘も鳴らしている。他にも自動車旅行の意義について、自動車に関する知識・経験の修得、自身の運転技術の反省などを挙げる。彼らの自動車旅行は想像以上に過酷な旅だったことが垣間見られる。

4　自動車天幕旅行記録

この冊子には三つの旅行記録が収録されている。記録は合計二七枚で天幕旅行のみ地図がある。以下、それぞれ概説する。

（1）自動車天幕旅行記録

昭和八年八月十六日から二十二日まで約一週間かけて自動車にキャンプ用具一式積み込んでの旅行である。使用車両は“Riley Nine (4Seater Waymann Saloon)”と“Donnet (5Seater Fabrie《(c)》 Saloon)”の二台。同行者は石橋勝浪・吉田英一・伊達十郎・伊達鐵子・前島鋼子・三井高公の六名である。伊達鐵子は十郎の妻で男爵前島弥の娘、鋼子は鐵子の妹である。

この記録には「自動車キャンプニ就キテ」という数頁にわたるキャンプ旅行の総括を掲載している。内容は、露営地の設定・飲料水のこと、天幕のこと、一日の走行距離のこと、計画を立てる際の注意、食料品のこと、炊事道具のこと、など多岐にわたる。

（2）東京—軽井沢—諏訪—甲府—箱根—東京一周自動車旅行記録

これは七月末に行った“Endurance Test”を兼ねた旅行である。使用車両は“Riley Nine (4Seater Waymann Saloon)”で、同行者は松平康邦・三井高公・関根宗次（自動車ブローカー、レーサー）の三名である。総走行距離は三四〇・七マイル、所要時間は二一時間四七分、一時間あたり一五マイル余であった。停止時間を引いた正味走行時間は一七時間三五分、走行平均時速は一九マイル余。ガソリン消費量は二一ガロン、一ガロンあたりの走行距離は一九マイル余であった。なお、今回も松平康邦が感想を執筆しており、二〇時間で軽井沢・諏訪湖・富士五湖・箱根を回る爽快さを述べている。中国地方旅行時の文章と正反対の調子であり、比較的近距離のドライブを楽しんでいる様子をうかがえる。

（3）軽井沢行自動車旅行記録

昭和八年八月二十八日から三十日にかけて行った自動車旅行である。使用車両は“Lancia Dilambda (7Seater Enclosed Limousine)”である。同行者は松平康亀・三井高公・三井鋹子・三井高元の四名。鋹子は高公の妻で康邦の妹、高元は高公・鋹子の長男、康亀は康邦・鋹子の弟である。高公の序文によると、軽井沢一泊のつもりで出発したところ、雨による延泊と遠回りで時間がかかったという。この記録だけキロメートル表記になっている。同行者に遠乗りのベテランがいなかったためか、従来と同じ基準で記録を取ることができなかったものと思われる。行程は葉山（三井家の別邸がある）を出発し、東京・高崎・軽井沢・諏訪・甲府・御殿場・仙石・湯本・小田原・大磯・鎌倉などを経由し葉山に帰着している。三十日のみの走行距離は三三二・三キロ、所要時間は一一時間五三分、平均時速は二七キロ余、停車時間を除いた正味走行時間は九時間三一分、平均時速は三四キロ余であった。他の冊子における自動車仲間の記録の徹底ぶりがわかる。

5 信越羽自動車旅行記録

昭和九年八月十四日から二十四日にかけて行った旅行である。使用車両は〝Humber（16H.P. Sports Saloon)〟・〝Riley（9H.P. Saloon)〟・〝Donnet（13H.P. Saloon)〟の三台で、同行者は石橋勝浪・伊達十郎・松平康邦・三井高公・関根宗次の五名である。序文を松平康邦が書いており、中国地方旅行に比べて落ち着いた内容となっている。

記録は一四枚。道路概況表も付されているが、中国地方旅行まであった路状標準点の項目が無くなり、路面状況の採点は行っていない。また、ガソリン消費量の項目も道路概況表から消えた。このときの旅行ではハンバーとドネ二台分のガソリンを一缶で分けることもあり、消費量を正確に計算できなかったため省略したという。総走行距離は七八八・六マイル、所要時間は五七時間四六分、平均時速は一〇マイル余であった。停車時間を除いた正味走行時間は四〇時間七分、平均時速も一九マイル余であった。なお、この記録はハンバーのもので、道路概況表の備考にドネの状況も記載されている。

6 北陸地方自動車旅行記録

昭和十年八月九日から二十日にかけて行った自動車旅行である。使用車両と乗車員は〝ALVIS (F.W.D. coupé)〟に三井高公・関根宗次、〝RILEY (ALPINE SIX)〟に松平康邦・榊邦彦、〝RILEY (NINE)〟に石橋勝浪・伊達十郎であった。今回の旅行では車両と乗車員がある程度固定されていることがわかる。行程は東京―京都―芦原―山中―和倉―片山津―小浜―京都―岐阜―上諏訪―東京である。総走行距離は一二九二マイル、所要時間は九一時間二八分、平均時速は一四マイル余、停車時間を除いた正味走行時間は六六時間五六分。平均時速は一九マイル余であった。

記録は二六枚。高公が序文とともに、三台の車の性能表（主にエンジンと足回りのデータ）を添付した総括の文章を書いている。総括文で、三台とも馬力が小さく最低地上高も低い車両だが、悪路の北陸道でも何とか走破可能であると述べており、その参考のために表を用意したものと思われる。またこの記録には数頁の旅行日誌が添付されている。これは伊達十郎の執筆によるもので、旅行行程の概要とともに、日々の様子を文章でも知ることができる。この年は大雨の影響で予定と実際のルートを大きく変更していたこともうかがえる。他方で、前年に続き道路概況表に路上標準点とガソリン消費量の項目が無いのも特徴である。

7　四国一週《(周)》旅行記録

昭和十一年八月八日から二十三日にかけて行った旅行である。使用車両と同行者は“S.S. 1½LITRE JAGUAR SALOON”に石橋勝浪（メカニック）・伊達十郎（記録）・三井高公（運転）、“RILEY ALPINE SALOON”に榊邦彦（記録・メカニック）・松平康邦（運転）である。北陸旅行同様に同乗者と役割分担が決められていたことがわかる。行程は東京―玉―高松―徳島―室戸岬―高知―宇和島―道後―高松―玉―京都―下呂―東京である。総走行距離は一六五四・二マイル、所要時間は一〇四時間二三分であった。停車時間は二六時間四一分のため正味走行時間は七七時間四二分、平均走行時速は二一余マイルであった。

記録は三〇枚。今回の道路概況表には路情標準点、ガソリン消費量が復活し、さらに通過地点には駅前・十字路など具体的な停車場所が記載されている。路情標準は四段階評価で、Aは舗装道路、Bは快走しえる良道、Cは普通に走行しうる道路、Dは走行困難な悪路である。今回の道路概況でも中国地方一周旅行同様に舗装状況が具体的にわかる。四国の道路は狭く屈曲しているが、路面状況は概ね良好な様である（屋島・徳島・高知のみA）。今回も「四国一週《(ママ)》自動車旅行その日その日」という日誌が付されている。筆者はS.S.の記録者である伊達十郎と思われ、路面概況表ではわからない彼らの日々を垣間見ることができる。

おわりに

以上、高公と自動車愛好家仲間の旅行記録を概観してきた。彼らは昭和五年から十一年にかけて毎年のように違う自動車を用い、二週間にわたる長距離旅行を行っていた。もちろん、このような旅行ができる人々は当時一握りだったであろうし、これをもって一般的な自動車旅行のあり方ということはできない。しかし、彼らの記録はただの道中日記ではなく、移動距離・時間・燃料消費量を計算し、道路の路面状況を一定の基準でランク付けするなど、行程をデータ化した記録でもあった。行政資料などでは見えづらい道路整備の実状や、カタログスペックではわからない自動車の実際の燃費や故障頻度など、得られる情報は多い。

高公らの旅行記録は道路を整備する側ではなく、道路を利用する側からみた本州・四国の幹線道路の姿を浮き彫りにでき、自動車を作る側ではなく、自動車に乗る側からみた外国製自動車の使用状況を知ることのできる貴重な史料といえよう[17]。

註

(1) 三井は近世以来、元祖三井高利の子孫たちによって一一の家をなしていた(最初は九家)。その総領家が三井北家であり、高利の長男高平が家督を相続した家である。

(2) 三井文庫編『三井家文化人名録』(二〇一二年、六五～六六頁)。なお、『三井文庫論叢』二六号の冒頭口絵に高公の自動車と自動車仲間の写った写真を掲載している(花井俊介「三井高公と自動車愛好仲間」『三井文庫論叢』第二六号、一九九二年)。

(3) 日本クラシックカークラブ編『日本クラシックカークラブの歴史　一九五六―一九九六』(一九九八年、一〇八～一三三頁)。初出は『モーターマガジン』(第三巻一号～五号、一九五七年一月～五月)。

(4) 小林彰太郎『昭和の日本　自動車見聞録』(トヨタ博物館編、二〇一三年)。この中で紀伊半島周遊旅行を昭和八年としているが、正しくは昭和六年である。

(5) 「東海道自動車旅行記録」(『道路の改良』一二―五、一九三〇年五月)、「本州北部自動車旅行記録(一)(二)」(『道路の改良』一二―一一・一二、一九三〇年十一月・十二月)。

(6) 「東京京都往復自動車旅行記録」も三井文庫に一点存在する。これは二度にわたる東京―京都の自動車旅行の記録である(第一回目は、往路一月二十三日～二十四日、復路一月三十一日～二月一日。第二回目は、往路三月二十八日～二十九日、復路四月七日～八日、いずれも年不明)。この記録は手書き原稿の複写を綴じたもので、本稿で紹介する夏休みの自動車旅行記録と形態も異なる。

(7)(8)(9) 前掲脚注(3)、一一三～一一四頁。

(10) 最初からこの方法を採用していたのかわからない。経験を踏まえて事前調査の方法を確立した可能性も高い。

(11) 昭和十一年の四国一周旅行では玉にある三井物産造船部に立ち寄って三井倶楽部での歓待を受け、造船部の蒸気船で高松に渡るなど（車は宇野駅で貨車積みし、宇高連絡船で高松駅行き）、ルート上にある三井系企業に便宜を図ってもらう場合もあった。

(12) 前掲脚注（3）、一二九頁。

(13) 約四五・四リットル。一ガロンは約四・五四リットル。以下紙幅の都合でリットル換算は省略した。

(14) ところで高公はどのように車を入手していたのか。先述の「自動車今昔縦横談」によると、高公は自動車を様々な経路で入手していたことがわかる。高公はイギリスで生活していた時期もあり、このときに自動車を複数入手し日本に持ち帰ったものもあったらしい。たとえば、モーリス・オックスフォードは「ロンドンのモーター・ショウを見て買った」（一一八頁）、イスパノ・スイザは「ロンドンで使い、東京に迄持って来た」（一二九頁）、と述べている。また、日本で購入したものの場合、ランチアのディラムダは「ランチアの人がラムダとディラムダとを一台ずつ持ってきたのを買った」（一二二頁）、ロールスロイスは「野沢《（野澤三喜三カ）》さんを通じて輸入」（一二六頁）し、ベントレーは船賃の関係で「三井物産の手で日本に入れ」（一二六頁）たと述べている。ディーラーや知人、さらには三井物産などを介して、海外の車両を入手していたのである。

(15) 一七〇六・八キロメートル。一マイルは約一・六キロメートル。以下紙幅の都合でキロメートル換算は省略した。

(16) 前掲脚注（3）の一一三頁に本州北部旅行時の使用車両の写真、前掲脚注（4）の三〇頁に紀伊半島周遊旅行時の使用車両の写真がある。二台とも屋根の形状が異なるとともにナンバープレートも異なるため、別の車両であることがわかる。

(17) なお、高公の自動車記録には旅行費用は書かれていないため、毎年の自動車記録にどれだけの費用がかかったのかについてはわからない。

新刊紹介

兼平賢治『馬と人の江戸時代』

江戸時代において、馬は武家・公家・町人・百姓といった様々な身分の人々と共にあり、武具・身分標識・贈答品として、あるいは農作業や交通手段として、社会のあらゆる場面で必要とされた動物である。本書はこうした人の馬との関係を盛岡藩家老席日記「雑書」(一九〇冊)をもとに論じたものである。内容は以下の通りである。

馬と人の江戸時代、そして現在―プロローグ/権力者と馬/将軍綱吉・吉宗と馬/身分標識としての馬/人馬の関わりと自然環境/馬の老いと死/人馬にみる「共生」の姿―エピローグ

本書の魅力は馬と人間の関わりを多角的に捉えているところにある。東北地方の馬は古来より時の権力者と密接な関係にあり、朝廷や諸社に贈られ、競馬や流鏑馬などの儀式に用いられてきた。戦国社会にあっては、織田信長や豊臣秀吉といった天下人が権力の象徴として駿馬を求め、江戸時代においては主君から家臣への下賜、家臣から主君への献上を通じて、馬は主従関係を強固にする役割を果たした。合戦のない泰平の世が続くと、見た目をよくするために筋を切る「拵馬」が流行するようになった。

このように権力者のもとにある馬は「御馬」として生涯を終えることになるが、百姓に飼われて農馬として一生を終える馬も少なくなかった。牡馬に生まれるか、牝馬に生まれるか、あるいは農馬となるか、御馬になるかによって馬の一生が大きく変わるのも身分制社会ならではのことである。しかしながら、天明・天保の飢饉を経験することで、馬を殺して食べることに対する罪悪感が薄まり、馬は次第に飢饉時の食料と考えられるようになったのであった。

本書において特に興味深い論点は人馬を取り巻く環境である。盛岡藩には多くの動物と人間を育む自然が広がっていた。藩は森林資源と漁場を植林によって回復・保護しようとしていたため、春先の「野焼き」を禁止していた。しかし、毎年、春先に行われる「野焼き」は、「御馬」の飼育環境である「牧」を維持するためには欠くことができないものであった。厳しい自然環境のなかで人間と馬は寄り添って生きてきたが、一方では矛盾も抱えていたのである。

また、一七世紀の大開発によって原野山林が切り開かれると、住処を失った猪・鹿・狼による農作者の被害が増加し、時には、これらの動物が人馬に襲いかかるかかることもあった。こうした馬の被害の背後には、開発にともない農耕馬が増加したことも作用していた。

東日本大震災後、自然と人間との関係を論及した研究が多く見られるようになった。自然と人間の共生にあり方について鋭く問われている今こそ、本書の一読をお勧めする次第である。

(岩橋　清美)

(吉川弘文館、二〇一五年三月、四六版、二二四頁、一七〇〇円+税)

新刊紹介

鈴木靖民・荒木敏夫・川尻秋生編

『日本古代の道路と景観―駅家・官衙・寺―』

本書は、平成二十七（二〇一五）年六月二十～二十一日に専修大学神田校舎で開催された第一八回古代交通研究会大会での発表内容に、新たな原稿を追加して構成されたものである。古代交通研究会では、これまでに考古学、文献史学、歴史地理学など諸分野の総合的な研究がなされ、様々な古代交通の諸相が解明されてきた。

近年では、全国各地での交通に関わる遺跡の発掘調査もさらに進み、地域社会における周辺の国府、郡家、駅家などとの空間構造を総体的に描くことが可能となってきた。このため、序文に記されるように「景観」というゾーンを意識して、古代日本の道路と交通施設、官衙、寺院などの諸施設の多様な空間構造について探ることを企図し、最新の調査事例に基づき復原しようとする試みである。

多面的な機能を持ち合わせた遺跡に注目し、鈴木靖民、荒木敏夫、川尻秋生の三氏の編により、全国の発掘成果をふまえた論考や、遺跡の紹介・コラムなど合計三四本が収録されている。

構成は、Ⅰ総論、Ⅱ古代駅家の景観、Ⅲ古代交通と官衙の景観―東日本編―、Ⅳ古代交通と官衙の景観―西日本編―と大きく四部に分かれており、Ⅰ部では、地方官衙、駅家研究の歩みと現在の論点について、Ⅱ部では、駅家を主とする地方官衙、地方官人の実態をふまえて駅家の景観について、Ⅲ部及びⅣ部では、それぞれ地域ごとに交通や官衙のあり方の特徴について詳細にまとめられている。

駅家の認定とその景観については、道路がどこへ向かったもので、どういった意味をもったものなのか、その本質的な性格を論じるうえでも不可分な関係にある。交通路の考古学的な発掘調査例が増え、官衙の位置関係や立地、交通路の変遷について、詳細に論じることができる事例が増加しているが、駅家をはじめとする地方官衙の性格認定の考古学的な方法論については、未だ完成しているとは言い難い。これは、古代遺跡に現れる遺構や遺物などにみられる地域ごとの所見を一般化できていないことによっている。

しかしながら、本書が示す事例のように、駅家をはじめとする末端官衙が単独で存在する遺跡のみならず、寺院や他の諸官衙との連動性をもって存在している遺跡も多くみられる。このような点を考える時、地域環境のなかで官衙がどのように位置づけられるのか、またどのような官衙がどのような映像（景観）として見えているのかは、欠くことのできない視点であり、それを考える上で、本書は多くの示唆を与えてくれる。

（八木書店、二〇一七年五月、A5判、五五二頁、九五〇〇円+税）

（小鹿野　亮）

新刊紹介

武田尚子『荷車と立ちん坊　近代都市東京の物流と労働』

本書は、近代日本の物流において重要な役割を果たしながら、技術改良や運用、労働の実態面では未解明な点の多い「荷車」について、その技術変革に注目しつつ、主に東京と近郊農村における荷車利用の具体像と変遷を追い、「荷車」のもった歴史的意義を再考したものである。とくに荷車の補助労働を行った「立ちん坊」と呼ばれた人々について、彼らの実像に迫り、その存在意義を改めて問い直した点に、大きな特色がある。

本書の章立てを以下に記す。序章「荷車曳きのかけ声」、第一章「近代への胎動」、第二章「『くるま』規則の近代化—制度改革—」、第三章「明治の『くるま』メカー技術改革—」、第四章「都心商業地と小運送」、第五章「路傍の『立ちん坊』」、第六章「軍隊と荷車」、第七章「東京近郊の荷車と立ちん坊」、終章「近代都市と物流—経済圏の拡大と動力—」。

序章において、著者は明治初期の訪日外国人の目に映った荷車と「荷車曳き」の姿、とくに外国人の記録に残る荷車労働の「かけ声」に注目するところから本書を説き起こす。「かけ声」から想像される厳しい労働の実相とこれを取り巻く社会環境について、利用可能な史料を手掛かりに少しでも接近しようとする試みが以下の諸章である。著者は、明治七、八年から明治十二年頃に起こった荷車の技術変革が、都市近郊農村（東京・代々木）に経済革命をもたらしたという農政学者・那須皓の指摘に着目する。そして去令等にみられる「西洋型荷車」について推論し、荷車の変革期が殖産興業政策の実施期に重なる点を指摘する。

商都・東京の物流を支えた水運・鉄道も、陸上の小運送がなければ輸送を貫徹することができない。また、本書が取り上げるように、明治の東京では近郊農村との間に青果物と下肥の物流が活発化し、やがて近郊の村々に大きな変容をもたらした。これらを支えたのが技術改良された荷車であった。著者はこの荷車の全盛期を、明治一〇年前後から大正末までのおよそ五〇年間とする。

しかし、重貨を積んだ荷車は、とくに坂路では後押しという補助労働がなければ機能しない。必要な場所で随時この労働を提供したのが、『日本の下層社会』において横山源之助が「日稼人足」中の最下層に位置付けた「立ちん坊」である。那須のいう経済革命にも、立ちん坊は不可欠だった。社会の周縁に生きた立ちん坊たちはどこに住み、どこで労働し、どのように生活したのか。

軍隊における荷車利用について述べた部分も興味深い。日清戦争時の徴発・徴用のための調査資料による、東京の十五区ごとの荷車・荷馬車・荷役労働者などの集計は貴重なデータといえよう。

しかし著者の視線は、常に荷車を巡る「ひと」の上に注がれている。多くの新聞記事の引用から、そうした人々の実相が生き生きと描き出される。最終章で、著者は動力の維持・管理のコスト面から荷車の評価を行っている。同時に荷車労働の過酷さに衝撃を受け、荷役の近代化に生涯を捧げた平原直の「道徳的懐疑」に言及して擱筆している。近代輸送史を知る上で欠かすことのできない一書であり、ぜひ一読をお勧めしたい。

（吉川弘文館、二〇一七年九月、A5版、二二〇頁、二四〇〇＋税）

（玉井　幹司）

新刊紹介
谷内正往『戦前大阪の鉄道駅小売事業』

筆者の谷内氏は、戦前の大阪の百貨店について、商業史・経営史の立場から近年精力的に取り組まれている。大阪の百貨店といえば小林一三の存在は無視できない。昭和四年（一九二九）開業の阪急百貨店は、鉄道沿線の郊外住宅の開発と中堅クラスの人たちの生活や働き方を変え、消費・購買スタイルに革命をもたらしたことはよく知られている。その魅力をわかりやすく説いたものが本書である。まず目次を紹介する。

はしがき、序章　戦前大阪のターミナル・デパート、第一章　戦前阪急百貨店の革新性—大型化とアミューズメント・センター化、第二章　昭和初期大阪の専門店—有名店の共同組織、第三章　あべのハルカス前史、第四章　戦前地下食堂とストアの開業について、第五章　戦前日本初のチェーンストア—大阪マルキ号パン店、第六章大阪の地下鉄と地下街の形成—一九七〇年頃を中心として、となる。

既出の論稿七本を一部加筆修正し、図表も適切な量で、学術的な水準を維持しながらわかりやすい文章で、読み手の理解度を上げる効果を充分にもたらしている。

筆者の視点は、百貨店のみならず鉄道史に及んでいることは言うまでもない。交通史学会、鉄道史学会の会員でもある筆者の研究は、鉄道と商業、特に小売り事業の歴史的な展開過程にある。そこには、鉄道利用者層を対象にした経営者側の様々な商業アイデアや手腕が展開される。ターミナル・デパートの存在は、沿線利用者の生活の利便性を高める消費の拠点となる。それゆえに通過点の駅ではなく、商業施設としての役割が際立つ。当時、御用聞きや掛売りが一般的であった時代に、デパートの商品を現金で持ち帰るスタイルは、進出するサラリーマンなどの中間層を相手にする画期であった。これが実に興味深い。さらには電鉄系百貨店と呉服系百貨店の小売事業者同士の競争や対抗関係は、食堂の設置、通信販売、チェーンストア、広告、キャッチフレーズのメディア戦略など、あの手、この手を駆使した近代日本商業史の醍醐味である。地下街ストアの登場が東京より遅れていたという指摘も、大阪と東京を比較研究しながら都市史を解明する上で大きな意味を持つに違いない。

本書の内容はきわめて商業経営史的な観点で貫かれてはいるが、大坂とその周辺地域とを結ぶ中心地であるが故に大阪の都市構造を理解する上で重要である。また百貨店や電鉄の広告も、大衆文化論や生活史の研究発展につながる可能性を持った対象である。路線の違いと利用者行動の違いも今後の課題となるであろう。都市と交通・商業・生活文化それぞれにつながる面白さが、駅の商い業を通して見えてくる。飽きない一冊である。

（五紘舎、A5判、二〇一七年九月、一五一二円）

（鈴木　章生）

例会報告要旨

二〇一七年度交通史学会第二回例会
二〇一七年十一月二十六日（土）午後二時～五時
於　物流博物館　参加者三八名

常任委員会

本年度第二回例会は、物流博物館の特別展「飛脚問屋・嶋屋佐右衛門日記の世界」の特別講演・見学会を兼ねて開催された。午後二時より学芸員の玉井幹司氏（本会常任委員）による司会から始まり、次いで巻島隆氏より「地方の飛脚―名古屋の飛脚問屋井野口屋―」というタイトルで研究発表（特別講演・次頁写真）が行われた。巻島氏の飛脚に関する深い造形とわかりやすい説明によって、従来あまり顧みられることのなかった地方の飛脚の実像について知ることができた。間に休憩を挟みつつも二時間近くに及ぶ講演だったが、報告終了後に質疑応答の時間も設けられ、フロアからは様々な視点からの質問が出された。近世の飛脚についての関心の高さも垣間見えた。質疑応答後、展示を担当された玉井氏の案内で企画展の見学を行った（七八頁写真）。「嶋屋佐右衛門日記」の翻刻にも携わってこられたとのことで、展示の解説にも熱が入り、駆け足ながらも充実した展示見学であった。普段あまりなじみのない飛脚の世界を深く知ることのできる機会となった。なお、報告内容と展示内容は以下に掲載した要旨等を参照されたい。

（文責・下向井紀彦）

地方の飛脚―名古屋の飛脚問屋井野口屋―（報告要旨）

巻島　隆

東京都港区高輪の物流博物館において二〇一七年度特別展「飛脚問屋・嶋屋佐右衛門日記の世界」が十月二十一日～十二月十日に開催された。その一環で全二回の講演会（講師は藤村潤一郎と筆者）が十一月十九日と二十六日に実施され、筆者による第二回講演は交通史学会例会を兼ねた。

戦前から続く飛脚研究は戦後に大きく進展し、一九六〇年代から今日まで藤村潤一郎が交通史の立場から飛脚研究を精力的に開拓した。九〇年代には情報史からのアプローチが増えた。史料閲覧の環境改善の流れの中で、地方在住の筆者は江戸定飛脚問屋の地方店研究をベースに拙著『江戸の飛脚』（教育評論社、二〇一五年）において「飛脚問屋」の体系化を試み、三都・地方の輸送ネットワーク（出店、取次所）、情報発信（災害・戦争）、金融（手形、融資）、事件史（強盗・窃盗）、飛脚利用（織物買次商、織屋など）について論述した。

三都（江戸、京都、大坂）中心に飛脚問屋の実態解明は進んだが、地方のそれは依然として立ち遅れていたことを受け、本報告では尾張徳川家御用を務めた名古屋の飛脚問屋「井野口屋半左衛門」について紹介した。史料は渡邊忠司・徳永光俊編『飛脚問屋井野口屋記録』全四巻（思文閣出版、二〇〇一

〜〇四年）を用いた。同書は大阪経済大学所蔵の「井野口屋飛脚問屋記録」全三三冊の翻刻である。

井野口屋の祖先は、江戸初期の京都在住時に尾張徳川家御用達商人の茶屋新四郎方に出入りし、徳川家光の上洛の折に尾張徳川家の日雇方（人足を手配し、荷物を輸送）を務めたことを機に同家の御用物輸送に関わるようになったとされる。享保八年（一七二三）、五代目半左衛門が正式に尾張徳川家の御用を任命された。

井野口屋は名古屋店を拠点に京都店と大坂店（井野口屋佐兵衛）を結んで藩の上方輸送ルートを確立した。ちなみに名古屋―江戸の往復輸送に関わった「七里飛脚」は井野口屋とは別業者に委託された。井野口屋が用いた御用荷物輸送のための上方輸送ルートは次の通りである。
①東海道＝宮―〈七里の渡し〉桑名―四日市―石薬師―庄野―亀山―関―坂下―土山―水口―石部―草津―大津―京都
②中山道＝（美濃路を経て）垂井―関ヶ原―今須―柏原―醒ヶ井―番場―鳥居本―高宮―愛知川―武佐―守山―草津
③佐屋路＝宮―岩塚―佐屋―桑名
④美濃路＝宮―名古屋―大垣―中山道垂井
右は商人荷物を輸送するルートとも重なるであろう。御用荷物に関しては名古屋と京都錦小路御役所（尾張徳川家の京都屋敷）とを往復した。藩の上下荷物は多くが金銀貨と銅銭であるが、ほかに「御このわた坪入類」「御粕漬桶入類」「御鮎鮓桶入類」「かさ高物」「割れ物」「こほれ物」なども確認できる。金

銀貨は特に名古屋から京都へ多額の送金がなされ、史料上で最も早い時期の宝暦六年（一七五六）の事例で金一万七七二両であり、変動があるものの年七千〜一万両程度が京都へ送金されている。金は主に京都での買物、貴族との交際に使われたものとみられる。輸送料は基本無料であり（その代わり尾張—京都・大坂の上方輸送を独占）、輸送量と日取りの上限を超えると加算分を請求した。

また井野口屋は藩命があると「釣り荷物」（御箪笥、御長持を担ぐ「人足」を手配した。江戸では分業していた通日雇（人足手配業）の業務を兼ねたことがわかる。もともと飛脚業と人足業とが未分化であったことの証左であったとも言えよう。井野口屋は尾張徳川家から紋付き提灯と絵符（荷物札）を借り、「尾張徳川家御用」の権威を前面に押し立て、宰領飛脚（馬荷の監督者）は宿場の問屋場で人馬の円滑な継立を要求した。「御用」名目で武家荷物を扱ったが、商人荷物も混ぜる〝公私混載〟の状況が実態であった。

輸送を担ったのは、歩行飛脚（かちびきゃく、規定日数で荷物を担いで歩行輸送）と宰領飛脚（宰領株の所持者）が担った。宰領には「本番」と「代番」の区分あり、代番は本番宰領の業務を補佐した。宰領飛脚は仲間を構成し、仲間の利害には一致行動した。注目されるのは経営不振時の井野口屋の再建に貢献している点である。寛政四年（一七九二）に宰領仲間が借財の一部を肩代わりした。井野口屋に対して営業上における権限が強い場面もあった。

輸送途中の難所は河川の渡しである。海上を行く七里の渡し（宮—桑名）、木曽・長良・揖斐川といった大河が行く手を阻み、船が転覆事故を起こして荷物を失うこともあった。長雨や荷物の濡れ被害は荷物延着の原因となった。また宿泊時の荷物盗難や街道上での強盗など危険もままあった。

尾張藩において上方輸送を独占した井野口屋だが、その立場は必ずしも安泰ではなかった。藩から飛脚業の認可を得ない飛脚問屋の出現が井野口屋の営業を脅かしたからである。井野口屋は藩に取締の触を願い出たが、触も一時的効果にとどまった。しかし、むしろ無認可の飛脚問屋こそが実態経済を反映しているとみられ、今後は藩の認可の有無を相対化して飛脚業の実態を捉え直す作業が必要となろう。本報告をベースに別稿で改めて分析したいと考える。

物流博物館特別展「飛脚問屋・嶋屋佐右衛門日記の世界」を見学して

下向井　紀　彦

嶋屋佐右衛門は大坂を本拠地とした飛脚組合（株所有者の組織）である手板組の江戸店として店を構えた飛脚問屋であり、複数の飛脚問屋からなる組織体を構成した。本企画展は郵政博物館所蔵の「嶋屋佐右衛門日記」（全一二冊）とその内容を核として、近世、とくに十八世紀中頃の飛脚問屋の実態を紹介するものであった。同日記は郵政博物館所蔵史料であるが、原本は「宿駅日記」という題簽が付されており、駅逓局の作成した写本は「定飛脚日記」という題簽が付されているものであるという。また、同日記は「『駅逓志料』を読む会」によって『郵政博物館研究紀要』(第五号、二〇一五年)以降、順次翻刻されている。本企画展はその日記翻刻作業の完成を記念したものでもあった。全体の展示構成は以下の通りである。

導入・江戸時代のいろいろな飛脚たち

序章・「嶋屋佐右衛門日記」とは

第一章・町飛脚のネットワーク

第二章・嶋屋の「会社情報」

第三章・日記にみる飛脚問屋の日々

第四章・飛脚問屋の事件簿

終章・嶋屋佐右衛門のその後

導入は、飛脚の描かれている様々な浮世絵や絵画をパネル展示したもので、博物館のエントランスで見る人の目を楽しませるものであった。

序章は、「嶋屋佐右衛門日記」の紹介であり、現物の日記を展示しつつ、冒頭で述べた所蔵状況や日記の名前などについて解説がされていた。

第一章は町飛脚の概要を説明し、飛脚のネットワークや輸送方法などについて概説するものであった。飛脚の印判にみえる地名などからネットワークの広がりを見ることができた。

第二章は嶋屋の組織に触れつつ他の飛脚問屋や得意先との関係をみるものであった。パネルに落とし込まれた飛脚問屋の立地や得意先との位置関係をビジュアル化してわかりやすく解説していたのが印象的であった。

第三章では、日記の内容をベースに、飛脚状や飛脚の道具類などの関連資料から店舗網・営業活動・輸送業務の実態・宰領の姿などを概観するものであった。為替に果たす役割なども垣間見られて飛脚の活動の幅広さを知ることができた。

第四章では日記の記事から飛脚にまつわる様々な事件の具体像に迫るものであった。宰領への暴行や荷物輸送のミスなど飛脚ならではのトラブルの実態を知ることができた。

終章では、近世から近代への嶋屋佐右衛門の変遷をみた。幕末から明治にかけての飛脚の様子について、史料を通じて見ていくことができた。

以上が展示の概要である。展示全体を通して「嶋屋佐右衛門日記」を中心に、様々な周辺史料・絵画資料・物品類を組み合わせることで、飛脚の世界を鮮やかに描いたものであった。筆者の問題関心に照らしてみると、江戸市中の得意先の概観などは大店と飛脚との関係をみるうえで参考になるものであった。また、荷物輸送から派生した飛脚問屋の為替業務に関する史料を見ることができたのも収穫であった。飛脚の現金輸送のイメージはあったものの、為替業務そのものを行っていることはあまり実感がなかったため、織物を媒介とした地域金融センターの実態を考えるヒントを得られた。

ところで、情報の伝達者としての飛脚問屋の役割を見る中で、三井文庫の史料に、天明三年の浅間山噴火時に嶋屋佐右衛門から出された通報記事があるのを思い出した（北原糸子「災害情報を多面的に捉える商人の知恵」『三井文庫史料　私の一点』三井文庫論叢五〇号別冊、二〇一七年五月）。三井文庫の史料の中に様々な飛脚関係史料があるのは知られているが（嶋田早苗「三井店出入りの二軒の飛脚問屋について」『三井文庫論叢』三七、二〇〇三年）、細かく見ていけば嶋屋佐右衛門に関する様々な史料もあるのかもしれない。飛脚の史料や研究について考え直すことのできた非常に有意義な展示見学であった。

例会報告要旨

二〇一七年度交通史学会第三回例会
二〇一八年二月十日（土）午後二時～五時
於　戸田市博物館　参加者二一名

常任委員会

本年度第三回例会は戸田市博物館において開催された。司会は原淳一郎常任委員が務め、報告に先立ち同館学芸員で本会会員の石川達也氏より、挨拶と戸田市域について概略の説明があった。その後、野本禎司氏、次いで厚地淳司氏の報告がなされた。報告内容の概略については以下に掲載した要旨を参照されたい。報告終了後、活発な質疑応答が行われた。野本報告については、用語や具体的な事項についての質問が多く出された。

江戸廻米の実態については今後も解明しなければならない諸点が残されているとはいえ、本報告により多くの具体的な様相が明らかにされたといえよう。厚地報告については、三島宿が規定の常備数の二倍の人足数を求められている点について、いくつかの質問がなされ、また、改めて文政十一年の助郷歎願書のもつ意義について討論が行われた。両報告とも充実した内容であり、有意義な例会となった。

（文責・玉井幹司）

幕末期における出羽国村山郡幕領の江戸廻米
―弘化二年、江戸における郡中納惣代の活動―

野本禎司

本報告は、幕末期における出羽国村山郡幕領の江戸廻米、とりわけそのプロセスのなかでも江戸で行われる蔵納の実態（水揚、升廻し、内拵、蔵納）について、郡中納物代（納名主）が江戸で果たす役割の解明を通じて検討した。江戸廻米は、江戸の蔵納にて完遂したことになるが、その実態については十分に明らかにされているとは言い難い。本報告では、郡中から江戸に出府した納名主が蔵納時にどのような活動をしているかに着目した。使用史料は、出羽国村山郡山家村山口家文書（国文学研究資料館）で、具体的には弘化二年（一八四五）における出羽国村山郡の東根陣屋付幕領の江戸廻米について、納名主を勤めた山口三右衛門の活動を中心に検討した。山口家は、山家村名主を代々つとめる家柄で、三右衛門は納名主を数度経験していた。

まず、弘化二年の村山郡東根陣屋付幕領の江戸廻米の全貌を概観した。当該期の東根陣屋付の支配高は三万五〇〇〇石で、弘化二年五月から石井勝之進が代官となった。弘化二年の東根陣屋付幕領の江戸廻米総積高は四三五〇石余、うち本米四〇七七石余、欠米二二一石余で、一五〇〇石級廻船計四艘（船主は摂津国三艘、安芸国一艘）にて廻漕された。なお、四艘のうち一艘には米沢藩上杉家預り所、もう一艘には尾花沢陣屋付の江戸廻米も積んでいた。これら四艘は、酒田湊を弘化二年四月末から六月にかけて出帆し、すべて西廻り航路にて舟改めのある赤間関・浦賀のほか計七、八か所に寄港のうえ、七月初から九月末にかけて品川に入津した。このうち一艘が、赤間関付近にて高波に遭い沢手米四一六俵をだした旨の浦証文をもって品川に入津した。

さて、納名主の山口三右衛門は、納宿である浅草瓦町越前屋平兵衛に止宿して江戸の蔵納に関わる職務を果たした。三右衛門は、「清帳引取金」等による受取金二九五両余と、江戸での蔵納の経費一八〇両余を清算した勘定帳を作成している。この勘定帳によれば、蔵納にともなう納名主の職務として、①納不足になった分の買納米の清算、②水揚時における人足賃の支払、③水揚時の添番賃の支払、④上乗の江戸渡分給金の支払、⑤納方会所の指揮下にある人足組への支払（水揚人足頭、内拵人足頭、差米の担当者、枡廻し担当者、納方会所役人、廻米方、俵担ぎ人足への心付や酒代）、⑥納名主の帰国費用の支払などを行っていたことがわかる。また、⑤の経費については、「此拵直し之分、盆前御蔵納ニ御取計被下候故御礼」のように便宜を図ってくれた役人への心付、「是ハ浦証文付之船故格別之請合有之ニ付多く手当いたし候」のように沢手米の水揚に対する人足への配慮（酒代）など支出理由を記しており、ここから納名主の江戸での活動が蔵納をスムースに完了させ、郡中にとって損がでないよう取り計らうために重要であったことがわかる。同様の趣旨での納名主の活動として、諸役人への付届・接待がある。例えば、廻米懸り役人が「納不足買納之義」につき三度も越前屋平兵衛に出役した際には、その接待費が計上されていた。さらに、この勘定帳からは、三右衛門が江戸滞在期間中に取り結んでいた人間関係がわかる。まず江戸到着後に「着見舞」として、A納宿の越前屋平兵衛の家族・番頭・下男・下女・番頭の女房へ、B石井勝之進代官役所の元〆、手代から門番に至るまでの役人へ、C納会所下代、廻米方頭、廻米方役人などへ、D廻船方手先の商人へ、見舞金を渡している。このほかA、Bの面々には暑気見舞・寒中見舞金を、さらにAの面々には七夕・八朔・九月節句祝儀の挨拶金を渡している。こうした儀礼的な関係だけでなく、三右衛門は、A～Dの面々にあった冠婚葬祭、病気、類焼時にも見舞金を渡し、日常的な関係をも築こうとしていたことがわかる。つまり、納宿、代官所役人、納会所・廻船方役人、廻船方手先の商人という蔵納に関わる江戸の人々との関係構築があって出羽国村山郡幕領の江戸廻米は実現されていたのである。

また、三右衛門は、諸国幕領の江戸廻米仕法に関する情報を「江戸納宿越前や平兵衛手控ひ写ス」のように納宿にて収集・筆写し一冊にまとめている。他国の江戸廻米仕法を知ることで、江戸廻米に関する「知」を蓄積し、自地域の江戸廻米に損が出ないように努めていたと考えられる。その際に納宿が重要な拠点となっていたのである。

以上、本報告では、出羽国村山郡幕領の江戸廻米における江戸の蔵納の実態を、納名主の江戸での活動に注目して明らかにした。しかし、納名主の江戸での支出（付届や接待費など）が、郡中においてどのように認識され、公費として処理されていたのか、あるいは江戸の蔵納にともなう納名主の諸活動が地域社会に与えた影響などについても検討が必要であると考えている。また、近世後期以降に実施された船中欠請負仕法においては江戸での納名主の役割の重要性が増していると考えている。当日、会場でいただいた貴重なご意見もふまえ、今後も幕領の江戸廻米の問題について検討していきたい。

文政十一年の三島宿・助郷出入について

厚 地 淳 司

はじめに

今回の報告では、文政十一年（一八二八）の出入を概括した上で、文政宿駅改革における幕府＝道中奉行所の宿駅や助郷に対する姿勢を明らかにした。なお、本報告の第一の前提として、該当期（天明五年〔一七八五〕〜天保八年〔一八三七〕）の三島宿の状況が、宿方人足役二〇〇人を負担し、人足役数をめぐり宿方と助郷方とが五回にわたり出入を繰り返したこと（文政十一年の出入は五回の出入の最後）、さらに第二の前提として、当該する文政期の幕府宿駅政策について、文政四年からの宿駅改革実施と、助郷その他の農村部へ人馬負担を転嫁する方向性を有していたことを確認した。

一　文政十一年の助郷歎願書について

まず、「歎願書」の提出先「辰之口　御領主様　御役所」が、当時の沼津藩主で老中の水野忠成の江戸上屋敷であることを特定した。続いて歎願書本文の内容として、助郷方の主張と根拠、評定所留役浅井金八郎・青山秀堅の吟味、公家衆通行に関する争点、「早々帰国」＝吟味中断を歎願した経緯について確認した。さらに「歎願書」提出の背景に、作成者の助郷惣代傳蔵が、宿駅政策に影響力を持ち、かつ自ら名主を務める谷田村の領主でもある水野忠成の威光により、今回の出入の不利な状況から脱却する目的があったものと推察した。

歎願書の提出時期は、『三島市誌』では天保十一〔一八四〇〕年だが、同一内容の『静岡県史（資料編13）』掲載史料は文政十一年である。しかし、担当奉行石川忠房の道中奉行在任時期（寛政十年〔一七九八〕十二月七日〜文化三年〔一八〇六〕十二月十四日、文政二年〔一八一九〕九月五日〜文政十一年〔一八二八〕八月二十八日）、吟味担当留役の浅井金八郎・青山秀堅の在任時期（ともに文政十一年には在任、天保十一年には在任せず）から、「歎願書」は文政十一年と結論づけた。

以上のごとく「歎願書」が文政十一年のものとすると、『三島市誌』『静岡県史（通史編）』が天保十二年（一八四一）の三島宿助郷組替の根拠とした天保十一年の「歎願書」は存在せず、一方で文政十一年の出入の実像を改めて再検討する必要性が生ずることを指摘した。

二　三島宿方人足役二〇〇人をめぐる問題
—歎願書における助郷方の主張を中心に—

まず、出入における助郷方の主張する争点、すなわち①宿方の人足役負担を一日二〇〇人とすることの是非、②近時の公家通行に際しての人馬負担における宿方の対応の不当性の詳細について、「歎願書」の本文から再確認した。このうち②の遠因として、文政五年に江戸へ下向した公家や下級官人たちの未払い賃銭に対し、文政十年十一月に道中奉行石川忠房が年賦返済での取り立てを決定したことを指摘した。

次に上記①の争点について、関連する天明五・寛政二・文化四・同六年の三島宿と助郷との紛争の具体的な内容を振り返った。以上の紛争における対立の構図は、助郷方は天明五年以来、一貫して人足役二〇〇人を主張する一方、宿方は一〇〇人を主張するものであった。これに対する幕府の処置は、熟談・内済という当事者相互の合意を重視するものであるが、最終的に助郷方の主張が支持され、宿方人足役二〇〇人で落着している。これは、助郷方の負担を増大させない、安永期の割増賃銭以来の幕府の宿駅・助郷政策の基本姿勢と合致するものでもある。加えて、いずれの紛争でも幕府は、先例重視、現状追認の姿勢も認められる。また、天明五年は割増賃銭、寛政二年は前年の宿駅規定、文政十一年は文政四年以来の宿駅改革と、当該期の幕府の宿駅政策が契機となっていることも付記する。

三　文政十一年の出入における幕府の姿勢と結末

最後に文政十一年の出入における幕府の姿勢について検討した。まず当初の五月の浅井金八郎の吟味では、先例たる済口証文を重視し、宿方人足役削減に難色を示すという従前からの姿勢が確認された。しかし、六月の青山秀堅による吟味では一転し、最終的に天保八年に実現する三島宿方人足役削減の方向性を、「当時御改革之時節ニ付」の論理のもと、強硬に打ち出し、大きく姿勢が転換したことを確認した。これは、内済・先例重視、助郷方保護という従来の幕府の姿勢が、吟味の過程でドラスティックに転換したものと結論づけた。

ちなみに、「当時御改革之時節ニ付」＝先例を覆して三島宿方人足役を削減する論理は、直接的には、改革組合村設定等の文政十年より開始された文政改革に由来するが、宿方の負担軽減という内容は、文政四年に始まる宿駅改革の延長線上にあるものと理解した。

なお、この出入の結末は、十月に助郷方の吟味下げ＝裁判の中途打ち切りというものであった。このことを示す「請証文」には、公家衆通行に関する争点は助郷方の主張を概ね認める記載がある一方、三島宿方人足役数に関する記載は全く欠落している。以上の内容は、先の「歎願書」提出の六月段階で裁判がストップしたまま決着したことを示し、助郷方の要求が実現したようにも受け取れる。しかし、宿方人足役数の欠落は、将来的に宿方人足役数削減という幕府の政策方針実現の可能性を残す結果ともなったと考えた。

むすびにかえて

報告内容をまとめると、次のごとくである。①「歎願書」作成・提出の時期が『三島市誌』『静岡県史（通史編）』のごとく天保十一年ではなく、文政十一年であった。②文政十一年の吟味途中で助郷方が不利な状況となったため、助郷方が「歎願書」を作成・提出した。③助郷方が不利となった契機は、六月の青山秀堅の示した宿方人足削減の強硬姿勢であった。④このような青山の吟味姿勢・内容は、従来の幕府の助郷保護、先例重視、内済主義という姿勢とは、大きく異なるものである。⑤出入は、助郷方の吟味下げという異例の結末であった。⑥吟味下げは、助郷方の要求が一応実現したものである一方、将来的に幕府の宿方人足削減政策に可能性を残すものともなった。

『交通史研究』投稿規定

一　投稿の原則

投稿する者は本会会員に限ります。但し、編集委員会よりの執筆依頼原稿はこの限りではありません。

二　原稿種別と枚数（四〇〇字詰め）

（一）論文　四〇枚から七〇枚
（二）研究ノート　三〇枚から七〇枚
（三）研究動向（問題提起）・史料紹介・書評　一〇枚から二〇枚
（四）十字路（地域情報、研究余滴など）　五枚から一〇枚
（五）巡見参加記　五枚程度＋写真
（六）新刊紹介、博物館・展覧会情報等　適宜

上記の規定枚数の中には図・表・写真などすべてを含みます。

三　原稿作成上の注意点

1．原稿用紙を使用の場合は、四〇〇字詰めまたは二〇〇字詰めで縦書き、一マス一字、丁寧な字で書いてください。
2．パソコン使用の場合、原稿種別の（一）から（四）までは一行二六字、それ以外は一行二八字で書式設定して入力してください。
3．文字は原則として常用漢字を使用し、必要に応じてルビを付してください。
4．註は本文行間に（1）、（2）のように順番に示し、本文末尾に列記してください。出典の表記は、原則として、著者名、論文名または書名、掲載誌（巻号）または出版社、発行年、頁数の順に記載してください。
5．章立ての階層の表記は、一、（一）、1の順としてください。
6．原稿執筆に際しては、必ず「『交通史研究』執筆要項」（希望者に配布しますので事務局までお問い合わせください）をご参照ください。
7．数字は漢数字を用い、万の位以上は単位語を入れてください。四ケタ以下の金額・距離・法量・百分率・西暦年数などの表記の際は、単位語は用いず例文の表記に従ってください。※例：一〇九万六三〇〇円／一〇・六㎞／二〇一四年
8．元号記載の際は、必要に応じ西暦をカッコ内に記してください。※例：昭和二十一年（一九四六）十二月二十五日
9．図・表・写真は、論旨の展開上、必要最小限の枚数に限り添付してください。トレースなどが必要な図は業者に依頼しますので、実費を負担していただきます。なお、図・表・写真は表題・出典を明記し、必要であれば説明文を添えてください。図・表・写真などの挿入箇所を原稿余白に指定してください。また、これらの著作権等についての処

理は必ず執筆者本人が行ってください。その際、本投稿規定九により、インターネット上で公開されることを前提として許可等を得るようにしてください。執筆者の責任の範囲内で生じた著作権等に関する問題については、本会は一切責任を負いません。

10. 原稿種別の（一）から（二）には英文タイトルを付しますので、原稿送付状に英文タイトル、ならびに英文の的確さを校閲するため、二〇〇字程度の要旨を記載してください。編集委員会にてネイティブチェックを行います。

11. 原稿種別の（一）から（五）については、原稿送付状に三から五のキーワードを記してください。

四　審査

1. 原稿種別の（一）から（三）の投稿原稿の採否は、編集委員会が依頼した査読者二名以上の意見をもとに編集委員会で決定いたします。投稿後四カ月以内を目途に採否もしくは審査の進捗状況を通知いたします。なお、二重投稿は認めません。

2. 審査結果により、原稿種別の変更をしていただく場合があります。編集委員会が必要と認めた場合は修正をお願いします。また編集段階で細部の表現上の修正を加えることがあります。

五　抜刷等

1. 原稿種別の（一）から（三）の執筆者には掲載誌を三部進呈いたします。

2. 抜刷を希望される場合は、五〇部単位での実費負担となります。必要部数を原稿送付状に明記してください（五〇部五〇〇〇円程度）。

六　投稿方法

1. 原稿種別の（一）から（三）については、オリジナル原稿一部とそのコピー二部、計三部、ならびに送付状（ホームページからダウンロード可）を本会事務局（会誌奥付参照）宛に書留郵便にてお送りください。掲載決定後、ワープロ原稿の場合は印字した最終原稿一部とそのワープロソフト（ソフト名を明示すること）のデータをCD-ROMでお送りください。なお、最終原稿・CD-ROMは原則としてお返しできませんので、ご了承ください。

2. 原稿種別の（四）から（六）については、編集委員会が指定するメールアドレスに添付ファイルで送付してください。なお、編集委員会で若干の修正をお願いする場合があります。

七　校正

原稿種別（一）から（四）については、著者による校正を一回とします。その他の原稿の著者校正は原則としてありません。

八　論文の転載について

　本誌に掲載された原稿種別の（一）から（二）は、公開データベースはもちろんのこと自己のホームページであっても、原則として掲載後二年間は転載をご遠慮ください。二年後に転載を希望される方は本会事務局へ問い合わせ、編集委員会の許可を得てください。

九　掲載原稿のインターネット上での公開について

　二〇一五年四月以降に本誌に掲載された（一）から（六）の原稿は、とくに執筆者からの申し出がない限り、すべて独立行政法人科学技術振興機構が運営する電子ジャーナル公開システムであるJ—STAGEにおいて、会誌掲載後一定期間を経て公開されます。ご投稿・ご寄稿いただいた原稿は、その旨をご了承いただいたものとします。

（二〇一七年十月一部改訂）

『交通史研究』原稿送付状

※印は記入しないで下さい

<table>
<tr><td colspan="2">送付日
年　月　日</td><td colspan="4">※編集委員会受領日　　年　　月　　日
※査読終了日　　　　　年　　月　　日</td></tr>
<tr><td rowspan="2">著者名</td><td>漢字</td><td colspan="4"></td></tr>
<tr><td>ローマ字</td><td colspan="4"></td></tr>
<tr><td>連絡先</td><td colspan="5">〒
住所

TEL：　　　　　　　　　　FAX：
E－mail：</td></tr>
<tr><td>表　題</td><td colspan="5"></td></tr>
<tr><td>英文題目</td><td colspan="5"></td></tr>
<tr><td>原稿種別
(○印)</td><td colspan="5">論文（　　）　研究ノート（　　）　研究動向（　　）
史料紹介（　　）　書評（　　）　十字路（　　）</td></tr>
<tr><td rowspan="2">原稿枚数</td><td>本文・目次・註</td><td colspan="4">400字詰め　　　　枚</td></tr>
<tr><td>図・表・写真</td><td>図　　　点</td><td>表　　　点</td><td colspan="2">写真　　点</td></tr>
<tr><td colspan="2">パソコンソフト名</td><td></td><td>抜刷部数</td><td colspan="2">部希望</td></tr>
<tr><td>要　旨
200字以内</td><td colspan="5"></td></tr>
<tr><td>キーワード</td><td colspan="5"></td></tr>
</table>

展覧会情報

※本誌発刊時に終了している展覧会は、参考情報として展示名・会期・問い合わせ先のみ掲載しています。

◆釧路市立博物館
「映像でよみがえる簡易軌道と道東開拓のあゆみ」
会期：一月二十日（土）～二月十八日（日）
問い合わせ先：
〒085-0822 北海道釧路市春湖台一―七
TEL：〇一五四―四一―五八〇九

◆新ひだか町博物館
「日高線全線開通八十周年記念 日高の鉄道」
会期：二〇一七年七月九日（日）～一月二十八日（日）
問い合わせ先：
〒056-0024 北海道日高郡新ひだか町静内山手町三―一―一
TEL：〇一四六―四二―〇三九四

◆もりおか歴史文化館
「近代岩手・盛岡 鉄道沿線の名勝」
会期：二〇一七年十月二十日（金）～二月十九日（月）
問い合わせ先：
〒020-0023 岩手県盛岡市内丸一―五〇
TEL：〇一九―六八一―二一〇〇

◆宮城県慶長使節船ミュージアム
「政宗がサン・ファン・バウティスタ号に託した夢」
会期：二〇一七年四月二十二日（土）～三月二十六日（月）
問い合わせ先：
〒986-2135 宮城県石巻市渡波字大森三〇―二
TEL：〇二二五―二四―二二一〇

◆真壁伝承館歴史資料館
「追憶の筑波鉄道 ～鉄道から自転車道へ～」
会期：二月三日（土）～五月六日（日）
開館時間：九時～一六時三〇分
休館日：会期中無休（臨時休館のぞく）
入館料：無料
問い合わせ先
〒300-4408 茨城県桜川市真壁町真壁一九八
TEL：〇二九六―二三―八五二二

◆埼玉県立歴史と民俗の博物館
「明治天皇と氷川神社―行幸の軌跡―」
会期：一月二日（火）～二月十二日（月・振休）
問い合わせ先
〒330-0803 埼玉県さいたま市大宮区高鼻町四―二一九
TEL：〇四八―六四五―八一七一

◆埼玉県立さきたま史跡の博物館
「律令国家がやってきた！
―交通・流通から見た奈良期の埼玉―」
会期：二月二十四日（土）～六月十日（日）
開館時間：九時～一六時三〇分（入館は一六時まで）
休館日：毎週月曜日（四月三十日は開館）
入館料：一般二〇〇円、学生一〇〇円
問い合わせ先
〒361-0025　埼玉県行田市埼玉四八三四
TEL：〇四八―五五九―一一八一

◆鉄道博物館
「進化・深感・新幹線」
会期：二〇一七年十月十四日（土）～四月八日（日）
開館時間：一〇時～一八時（入館は一七時半まで）
休館日：毎週火曜日
入館料：一般一〇〇〇円、小中高生五〇〇円
問い合わせ先
〒330-0852　埼玉県さいたま市大宮区大成町三―四七
TEL：〇四八―六五一―〇〇八八

◆所沢航空発祥記念館
「空にトキメキ展」
会期：二〇一七年十二月二日（土）～四月八日（日）
開館時間：九時半～一七時（入館は一六時半まで）
休館日：毎週月曜日（祝日の場合はその翌日）
入館料：大人五一〇円、小人一〇〇円
問い合わせ先
〒359-0042　埼玉県所沢市並木一―一三
TEL：〇四―二九九六―二二二五

◆ふじみ野市立大井郷土資料館
「幕末の川越藩とふじみ野～激動する村々と舟運・街道～」
会期：二〇一七年十月二十四日（火）～十二月十日（日）
問い合わせ先：
〒356-0058　埼玉県ふじみ野市大井中央二―一九―五
TEL：〇四九―二六三―三一一一

◆東京都立中央図書館
「「東京」いまむかし～鉄道網の発達による賑わいの変遷～」
会期：一月二十日（土）～三月十一日（日）
問い合わせ先：
〒106-8575　東京都港区南麻布五―七―一三
TEL：〇三―三四四二―八四五一

◆板橋区立郷土資料館
「水のゆくえ～荒川の歴史～」
会期：一月二十日（土）～三月二十五日（日）

問い合わせ先：
〒175-0092　東京都板橋区赤塚五—三五—二五
TEL：〇三—五九九八—〇〇八一

◆東武博物館
「金野智コレクション展～鳥瞰図とパンフレット～」
会期：二月六日（火）～四月一日（日）
開館時間：一〇時～一六時半（入館は一六時まで）
休館日：毎週月曜日（祝日の場合はその翌日）
入館料：大人二〇〇円、子ども一〇〇円
問い合わせ先：
〒131-0032　東京都墨田区東向島四—二八—一六
TEL：〇三—三六一四—八八一一

◆杉並区立郷土博物館分館
「江渡狄嶺資料展［一九二四旅］」
会期：二月十七日（土）～五月六日（日）
開館時間：九時～一七時
休館日：毎週月曜日、毎月第三木曜日
（祝日の場合はその翌日）
入館料：無料
問い合わせ先：
〒167-0032　東京都杉並区天沼三—二三—一
天沼弁天池公園内
TEL：〇三—五三四七—九八〇一

◆くにたち郷土文化館
「絵図からみる多摩川と用水」
会期：一月十二日（金）～三月十二日（月）
問い合わせ先：
〒186-0011　東京都国立市谷保六二三一
TEL：〇四二—五七六—〇二一一

◆府中市郷土の森博物館
「徳川御殿@府中」
会期：一月二十七日（土）～三月十一日（日）
問い合わせ先：
〒183-0026　東京都府中市南町六—三二
TEL：〇四二—三六八—七九二一

◆横浜みなと博物館
「ずっと港のまんなかに 新港ふ頭展」
会期：二月十七日（土）～四月十五日（日）
開館時間：一〇時～一七時
休館日：毎週月曜日
入場料：一般二〇〇円
小中高生・六五歳以上一〇〇円

問い合わせ先：
〒220-0012　横浜市西区みなとみらい二―一―一
TEL：〇四五―二二一―〇二七七

◆富山県［立山博物館］
「宮様、山へ―大正期登山ブームのなかの皇族登山―」
会期：二〇一七年十月二十一日（土）～十一月二十六日（日）
問い合わせ先：
〒930-1406　富山県立山町芦峅寺九三―一
TEL：〇七六―四八一―一二一六

◆石川県銭屋五兵衛記念館
「「北前船模型展」と北前船の歴史」
会期：二〇一七年十二月二十一日（木）～一月二十八日（日）
問い合わせ先：
〒920-0336　石川県金沢市金石本町口五五
TEL：〇七六―二六七―七七四四

◆北斎館
「究極の富士図 富嶽百景の世界」
会期：一月二十六日（金）～三月二十六日（月）
問い合わせ先：
〒381-0201　長野県上高井郡小布施町大字小布施四八五
TEL：〇二六―二四七―五二〇六

◆富士山かぐや姫ミュージアム
「浮世絵で見る東海道からの富士山」
会期：一月四日（木）～三月十一日（日）
問い合わせ先：
〒417-0061　静岡県富士市伝法六六―二
TEL：〇五四五―二一―三三八〇

◆瀬戸蔵ミュージアム
「開業三〇周年　愛知環状鉄道の歩み」
会期：一月二七日（土）～四月二十二日（日）
開館時間：九時～一八時（入館は一七時半まで）
休館日：二月二十六日（月）、三月十二日（月）
入場料：一般五〇〇円
　高校・大学生・六五歳以上三〇〇円
問い合わせ先：
〒489-0813　愛知県瀬戸市蔵所町一―一
TEL：〇五六一―九七―一一九〇

◆蒲郡市博物館
「平坂街道をたどる」
会期：三月二日（金）～三月二十五日（日）
問い合わせ先：
〒443-0035　愛知県蒲郡市栄町一〇―二二
TEL：〇五三三―六八―一八八一

◆滋賀県立安土城考古博物館
「世界記憶遺産『朝鮮通信使に関する記録』登録記念展」
会期：二月二十四日（土）〜三月十八日（日）
問い合わせ先：
〒521-1311　滋賀県近江八幡市安土町下豊浦六六七八
TEL：〇七四八―四六―二四二四

◆京都国立博物館
「池大雅　天衣無縫の旅の画家」
会期：四月七日（土）〜五月二十日（日）
開館時間：九時半〜一八時（入館は一七時半まで）
※毎週金・土曜日は二〇時まで
（入館は一九時半まで）
休館日：毎週月曜日（四月三十日はのぞく）、五月一日
入場料：一般一五〇〇円、大学生一二〇〇円
高校生九〇〇円、中学生以下無料
問い合わせ先：
〒605-0931　京都市東山区茶屋町五二七
TEL：〇七五―五二五―二四七三

◆淀川資料館
「伏見の三栖洗堰と三栖閘門展」
会期：二月一日（木）〜二月二十八日（水）
問い合わせ先：
〒573-1191　大阪府枚方市新町二―二―一三
TEL：〇七二―八四六―七一三一

◆鳥取市歴史博物館
「鳥取市歴史博物館 館蔵地図のセカイ」
会期：二〇一七年十一月三日（金）〜一月八日（月）
問い合わせ先：
〒680-0015　鳥取県鳥取市上町八八
TEL：〇八五七―二三―二一四〇

◆安芸高田市歴史民俗博物館
「ありがとう三江線」
会期：一月十一日（木）〜四月一日（日）
開館時間：九時〜一七時
休館日：毎週月曜日（祝日の場合はその翌日）
入場料：一般三〇〇円、小中学生一五〇円
問い合わせ先：
〒731-0501　広島県安芸高田市吉田町吉田二七八―一
TEL：〇八二六―四二―〇〇七〇

◆ひろしま美術館
「歌川広重の世界展
―保永堂版東海道五十三次と江戸の四季―」
会期：一月三日（水）〜二月十二日（月）

問い合わせ先：
〒730-0011　広島県広島市中区基町三―二
TEL：〇八二―二二三―二五三〇

◆広島市郷土資料館
「宇品港」
会期：二月一日（木）～三月二十五日（日）
問い合わせ先：
〒734-0015　広島県広島市南区宇品御幸二―六―二〇
TEL：〇八二―二五三―六七七一

◆下関市立歴史博物館
「朝鮮通信使―日韓の平和構築の歴史」
会期：二月三日（土）～三月十一日（日）
問い合わせ先：
〒752-0979　山口県下関市長府川端二―二―二七
TEL：〇八三―二四一―一〇八〇

◆萩博物館
「萩の鉄道ことはじめ
―待ちに待ったる鉄道いよいよ開通す―」
会期：二〇一七年十二月十六日（土）～四月八日（日）
開館時間：九時～一七時（入館は一六時半まで）
休館日：なし
入場料：大人五一〇円、高校・大学生三一〇円
小中学生一〇〇円
問い合わせ先：
〒758-0057　山口県萩市堀内三五五
TEL：〇八三八―二五―六四四七

◆愛媛県歴史文化博物館
「研究最前線　四国遍路と愛媛の霊場」
会期：二月十七日（土）～四月八日（日）
開館時間：九時～一七時半（入館は一七時まで）
休館日：毎週月曜日（第一月曜日は開館、翌火曜日が休館）
入場料：大人三二〇円、六五歳以上・小中学生一六〇円
問い合わせ先：
〒797-8511　愛媛県西予市宇和町卯之町四―一一―二
TEL：〇八九四―六二―六二二二

◆耶馬渓風物館
「空からみるやばけい遊覧」
会期：二〇一七年一二月八日（金）～二月七日（水）
問い合わせ先：
〒871-0202　大分県中津市本耶馬渓町曽木二一九三―一
TEL：〇九七九―五二―二〇〇二

常任委員会報告

常任委員会

二〇一七年度第二回常任委員会
開催日時：二〇一七年十二月五日（火）午後八時一五分～九時
場　所：お茶の水女子大学本館一二七室

＜議事内容＞
一．会務報告
（一）例会・大会について
本年度の例会と来年度の大会について、日程・場所・発表者・案内の送付等について確認した。
①第三回例会の日程と報告者の紹介と場所未定（委員会当時）であることを確認した。
②第四回例会（第十三回卒業論文・修士論文発表会）について、日程と場所を確認し、各大学への案内送付時期、方法について例年の通り行う旨確認した。
③大会の開催日程を確認した。また、委員会時点で開催場所が未定であることが報告され、予定している講演者について紹介された。
（二）団体会員への会費請求方法について、本年度の進め方を確認した。

二．審議事項
（一）会長選出について
会長選出に向けて、規則や課題の確認を行い、今後の日程スケジュールについて確認を行った。
①会長候補選出委員会の設置方法、選出委員の選定方法、選出過程の流れの確認を行った。
②二月頃に選出委員会を設置すること、五月の総会で承認を得ることを確認した。

会員彙報（平成二九年一一月から平成三十年三月まで）
会員の個人情報保護のため、住所の掲載を省略しています。しかし、会員相互で連絡が取れなくなるのは学会機能の損失でもあります。新入会員の連絡先、および住所変更された会員の連絡先については、交通史学会事務局にお問い合わせください。

新入会
太田　勝啓　　小風真理子　　菅根　幸裕　　宗像　俊輔
和栗　隆史

退　会
青山　栄子　　岡田　清一　　千葉　一孝　　萩原　拓己
水鳥川和夫
桑原　　孝（死亡退会）　　堀部　　武（死亡退会）

住所変更

卯田　卓矢　　富田三紗子　　中野　達哉　　南　隆哲

三科　仁伸　　河村　徳士

住所不明（連絡先をご存知の方はご連絡ください）

鎌谷かおる　　イトウキンノスケ

＊住所変更等は、お早めに事務局までご連絡ください。

お詫びと訂正

当会で発行しております『交通史研究』九一号（二〇一七年一〇月）の掲載記事につきまして誤りがございました。以下の通り追加訂正させていただきます。

七五ページ下段七行目の例会報告（卒論修論発表会）の報告者渡部優作氏の所属は、正しくは目白大学です。

読者ならびに関係者の皆様にご迷惑をおかけしたことを深くお詫び申し上げます。

交通史学会編集委員会

編集後記

○　今号は、論文一本、十字路一本、史料紹介二本、二回分の例会報告に加え、四本の新刊紹介という構成となりました。掲載の論文・十字路に見る通り、情報通信・文化交流なども当学会の重要なテーマです。史料紹介も、掲載の二本のように形態を問いません。従来の枠組みにとらわれない、多彩なテーマの投稿を引き続き期待しております。新刊紹介、書評などについても、ぜひ奮ってのご投稿をお願いいたします。なお、藤村潤一郎氏の史料紹介は長年にわたる史料発掘の成果の続編ですが、今回は誌面の都合上、著者のご了解の下に一部の掲載のみにとどまったことを付記いたします。

交通史研究　第九十二号
平成三十年三月三十一日　発行
編集・発行　交通史学会
会　長　山本　光正
事務局　〒161-8539　東京都新宿区中落合四―三一―一
目白大学　社会学部地域社会学科
鈴木章生研究室気付
振　替　〇〇一九〇―二―二〇四二七
URL：http://www.kotsushi.org
E-mail：jshtc@kotsushi.org
発売所　吉川弘文館
〒113-0033　東京都文京区本郷七―二―八
電　話　〇三―三八一三―九一五一（代表）
振　替　〇〇一〇〇―五―二四四
印　刷　光写真印刷株式会社

ISBN 978-4-642-09446-7